JUBILÄUMSAUSGABE Teil 1 & 2

K.L.A.R.

Annette Weber

Im Chat war er noch so süß!

K.L.A.R.

Impressum

Titel
Kurz – Leicht – Aktuell – Real
Im Chat war er noch so süß!
Jubiläumsausgabe – Teil 1 & 2

Autorin
Annette Weber

Verlag an der Ruhr
Mülheim an der Ruhr
www.verlagruhr.de

Ab 12 Jahre

Das Werk und seine Teile sind urheberrechtlich geschützt. Jede Verwendung in anderen als den gesetzlich zugelassenen Fällen bedarf der vorherigen schriftlichen Einwilligung des Verlages.

© Verlag an der Ruhr 2011
ISBN 978-3-8346-0906-9

Printed in Germany

Begleitendes Unterrichtsmaterial finden Sie zum Download in unserem Onlineshop unter **www.verlagruhr.de**.

K.L.A.R.

Annette Weber

Im Chat war er noch so süß!

Hallo, grüß dich!

Ich bin Annette Weber, die Autorin dieses Buches.
Bevor du mit dem Lesen beginnst, will ich dir kurz etwas von mir erzählen.
Ich lebe mit meinem Mann, meinen drei Söhnen und meinen beiden Islandpferden im Kreis Paderborn in Westfalen.
Für mich gehört das Schreiben zu meinem Leben wie für andere vielleicht die Musik oder der Sport. Nur wenn die Tastatur meines Computers klappert, fühle ich mich rundum zufrieden und glücklich.
Hoffentlich merkst du, wie gerne ich schreibe, wenn du dieses Buch liest.

Ich wünsche dir viel Spaß beim Lesen.

Übrigens habe ich auch eine Homepage.
Sie lautet: www.annette-weber.com

 **1.**

Was soll man über eine Sache schreiben, die schief gelaufen ist. Die sogar ziemlich schief gelaufen ist.

Ich war verdammt leichtsinnig. Das passiert mir selten. Eigentlich bin ich ein Typ, der lange überlegt, ob er die Dinge so oder anders macht. Aber bei der Sache war ich richtig blind. Auf beiden Augen. Wahrscheinlich kann niemand verstehen, warum ich mich darauf eingelassen habe. Auch du verdrehst vielleicht die Augen und denkst: Uiuiui, so schlau ist die aber nicht. Ziemlich naiv sogar. Ehrlich gesagt würde es mich ziemlich sauer machen, wenn du das von mir denken würdest.

Vielleicht hättest du zunächst irgendwie Recht. Vielleicht würde ich das sogar auch von jemandem denken, der so handelt. Aber jeder Mensch macht manchmal blöde Sachen. Die einen nehmen Drogen, die anderen brettern mit einem aufgemotzten Mofa vor den Baum, und wenn dann einer daherkommt und sagt: Ja wie kannst du denn nur …, dann macht er sich das ganz schön einfach.

Das ist nämlich hinterher immer leicht zu sagen. Vieles passiert, weil man irgendwie nicht so gut drauf war. Dann macht man plötzlich Sachen, die man hinterher gar nicht mehr versteht.

Ich merke, ich schweife ab. Ich will gar nicht, dass du verstehst, warum ich das gemacht habe. Ich will dir einfach nur meine Geschichte erzählen. Vielleicht komme ich dann irgendwann mal darüber weg.
Im Moment bin ich, wenn ich ehrlich bin, noch immer ziemlich aufgeregt. Aber vielleicht geht es vorbei, wenn ich alles einmal aufgeschrieben habe.
Ich sehe schon, wie du das Gesicht verziehst und denkst: Herrgott, was ist denn mit der! Die soll mal endlich in die Pötte kommen!
Ja, ich verstehe deine Ungeduld. Es ist eben nicht so leicht, darüber zu schreiben. Aber ich will mich bemühen, alles der Reihe nach zu erzählen.
Also, ich heiße Sarah Hoffmann und bin 14 Jahre alt. Ich gehe in die 8. Klasse der

Wichernschule in Bielefeld. Bielefeld ist eine ziemlich große Stadt in Westfalen. Hier wohne ich, seit ich fünf Jahre alt bin. Meine Eltern kommen eigentlich aus einem kleinen Ort im Sauerland. Hier sind mein Bruder Dennis und ich auch geboren.
Ich will dich jetzt nicht mit meinem Lebenslauf langweilen, aber meine Geschichte hat irgendwie auch mit meiner Herkunft zu tun, mit meinen Eltern und mit dem Ort, in dem ich lebe.
Und die Zeit, in der meine Geschichte beginnt, spielt auch eine große Rolle. Es war die Zeit vor den Sommerferien. Alle Menschen waren gut drauf. Und vor allem waren plötzlich alle verliebt.
Meine Eltern hatte es zuerst gepackt. Sie haben echt eine gute Beziehung – meistens jedenfalls. Weil sie beide berufstätig sind und ganz schön viel arbeiten, haben sie wenig Zeit. Aber sie versuchen immer, etwas zusammen zu machen.
In diesen Sommerferien waren sie zu einer Silberhochzeit ins Sauerland eingeladen.
Von da aus planten sie eine Reise durch ihre Kindheit, mit richtig schönen Pensionen und

Essen gehen und wandern und Leute besuchen. Und weil sie schon seit Jahren nicht mehr verreist waren, freuten sie sich riesig auf die Reise und redeten von nichts anderem mehr.
Dennis und ich sagten ihnen, wir hätten keinen Bock, mitzukommen. Wir würden uns zu Hause um die Blumen kümmern und die Post aus dem Briefkasten holen. Zuerst hatten meine Eltern große Bedenken, uns allein zu lassen. Aber Dennis ist ja schon 18 und tut immer so vernünftig. Er meinte, er würde schon auf mich aufpassen.
Das ist eigentlich ziemlich lächerlich, denn ich bin viel vernünftiger als mein großer Bruder, aber ich hielt mich zurück.
Schließlich wollte ich auch, dass meine Eltern alleine in den Urlaub fahren. Ich versprach ihnen, nicht zu viel Fernsehen zu gucken und um neun Uhr im Bett zu sein.
Schließlich hatten wir sie überredet. Und dann freuten sie sich tatsächlich noch mehr auf ihre Reise ganz allein und turtelten so richtig glücklich herum.
Und das zeigt ja auch, dass sie endlich nach so vielen Jahren auch mal wieder allein sein wollten.

Als Nächstes erwischte Dennis die Liebe.
Und schrecklicherweise verliebte er sich
ausgerechnet in meine beste Freundin Tina.
Sie ist schon 16 und sieht total klasse aus.
An dieser Stelle muss ich doch mal was
über große Brüder sagen. Es gibt so viele
Freundinnen, die mich um meinen Bruder
beneiden. Sie sagen, er sähe so cool aus
und er wäre so klasse. Und sie sind manchmal gerne bei mir, weil Dennis durch das
Haus läuft.
Aber ich komme nicht so gut mit Dennis aus.
Mich nervt seine schreckliche Unordnung.
Er muss alles, was er tut, laut machen.
Er brüllt durchs Haus, wenn er telefoniert,
er hört Hiphop, dass die Wände wackeln,
und er klaut mir immer meine Sachen vom
Schreibtisch, weil er mal wieder keinen Stift
oder keinen Radierer oder keinen Zirkel hat.
Immer wenn er das tut, sagt er:
„Reg dich nicht so auf, Erdnuss. Kriegst du
gleich wieder."
Und dann kann ich in die Luft gehen wie
sonst was. Denn erstens hasse ich es, wenn

er mich Erdnuss nennt, und zweitens weiß
ich, dass er die Sachen nie wiederbringt.
Aber wenn ich mich dann bei Mama
beschwere, sagt sie:
„Ach Sarah, sei doch nicht so kleinlich.
Guck mal, er hat es doch auch nicht so
leicht mit seiner LRS und seiner Konzentrationsschwäche."
Dass ich nicht lache! Dass Dennis in der
Schule schlecht ist und vielleicht auch in
diesem Jahr die Versetzung nicht packt,
liegt meiner Meinung nach daran, dass er seinen Kopf nur zum Kämmen und Haaregelen
benutzt. Nicht aber zum Denken.
Er achtet nur darauf, cool zu sein. Im Unterricht bringt das leider wenig.
Aber ich komme vom Thema ab. Das heißt,
so richtig auch wieder nicht. Denn dass sich
Dennis in Tina verliebte, hat mit seiner
schrecklichen Angewohnheit zu tun, mir meine
Sachen wegzunehmen. Er kam nämlich morgens in mein Zimmer geschlichen, um sich
mein schwarzes Adidas-T-Shirt aus dem
Schrank zu klauen, das er immer so cool
findet. Ausgerechnet an dem Tag, als Tina
bei mir übernachtete.

Wir lagen zusammen in einem Bett, Tina mit dem Kopf am Fußende, ich mit meinem Kopf am Kopfende, und schliefen noch.
Und dann machte es „Wumm!" bei Dennis – so erzählt es Dennis immer –, und Dennis verliebte sich auf den ersten Blick in die schlafende Tina. Er sagte, sie hätte so süß ausgesehen. Sie hätte sich so sanft ins Kissen gekuschelt und hätte gelächelt. Während ich auf dem Rücken gelegen und geschnarcht hätte. (Oh, jetzt verstehst du, warum ich ihn hasse, nicht? Er sagt immer solche Sachen!!!)
Jedenfalls war es danach um Dennis geschehen. Er setzte sich zu uns an den Frühstückstisch. Er plauderte liebenswürdig. Und er nannte mich an dem Tag nur Sarah. Weil er genau wusste, dass es bei meinen Freundinnen nicht gut ankommt, wenn er mich Erdnuss nennt.
Nun denn, die Dinge nahmen ihren Lauf.
Tina verliebte sich natürlich in Dennis, obwohl ich sie tierisch vor ihm warnte,
und wechselte ab da von meinem Zimmer in Dennis' Zimmer. Und irgendwie verlor ich sie dadurch als Freundin.

Eine Freundin zu verlieren, kann man verkraften, aber ich verlor zwei Tage später noch eine, und zwar meine allerbeste Freundin Rebecca.
Rebecca und ich sind schon seit der Grundschule unzertrennlich. An dem vorletzten Schultag aber hatte sie eine Überraschung für mich, die mir noch immer die Tränen in die Augen treibt.
„Sarah!", rief sie mir entgegen, als ich an dem Tag in die Klasse kam. „Denk dir mal, ich durfte gestern echt noch zu der Fete von Mehmet gehen. Und weißt du, was mir da passiert ist?"
„Du hast dich verliebt?", fragte ich ahnungsvoll.
Rebecca quietschte begeistert. „Das ist es! Er ist so süß und so ... süß."
„Das hast du schon gesagt", meinte ich und war kurz davor, zu heulen. Denn die Fete bei Mehmet hatte ich abgesagt, weil Rebecca nicht mitkommen durfte. Sie hat so schrecklich strenge Eltern. Aber jetzt hatte sie sie doch weich geklopft bekommen. Pech für mich.

„Ich zeig dir den Typen mal!", rief Rebecca und schleppte mich zum Fenster. Von hier aus hatte man einen tollen Blick auf unseren Schulhof.

Gemeinsam schauten wir aus dem Fenster. Ich sah sofort, dass dort auf der Mauer, die rund um den Schulhof verläuft, Andrej Dierksmeier aus der 10. saß. Der ist total mein Typ, und ich liebe ihn schon, seit ich in der 5. bin. Ich weiß alles über ihn. Dass er am Jahnplatz wohnt, dass er donnerstags um 16 Uhr Schlagzeugunterricht in der Musikschule hat, dass er Arminia-Fan ist und dass er zum Toten-Hosen-Konzert nach Dortmund gefahren ist.

Diesmal aber starrte Andrej zu mir hoch, und dann – ich konnte es nicht fassen – winkte er mir zu. Ich merkte, dass ich rot wurde. Leider passiert mir das schnell. Aber ich kann es nicht ändern. Es war aber auch zu komisch, dass er mir zuwinkte.

„Siehst du den Typen? Er winkt mir zu!", lachte Rebecca, und dann winkte sie wild zurück. „Oh, Mensch, der ist einfach zu süß!" Echt, du hast es wahrscheinlich schon ganz schnell begriffen. Andrej hatte beim Winken

nicht mich, sondern Rebecca gemeint. Sie und er hatten sich auf Mehmets Fete kennen gelernt und waren seitdem zusammen.
Ich muss gestehen, ich habe es nicht so schnell kapiert. Ich dachte, wieso winkt Andrej mir zu und Rebecca rastet so aus? Oh Gott, und als ich es endlich kapiert habe, wäre ich beinahe tot umgefallen. Es tat so schrecklich, schrecklich weh. Und das Traurige dabei war, ich konnte Rebecca nichts davon erzählen. Sie hätte sich sonst furchtbare Vorwürfe gemacht. Vielleicht hätte sie sogar mit Andrej wieder Schluss gemacht. Aber das wollte ich ja auch nicht. Ich war froh, dass Rebecca glücklich war. Wenn es auch letztendlich auf meine Kosten ging.
So war ich in diesem Juli des Jahres das unglücklichste Girl der ganzen Stadt.
Die Eltern weg, der Bruder unerreichbar, zwei Freundinnen auf einen Schlag verloren und die heimliche Liebe in jemand anderes verliebt, das ist einfach schwer zu verkraften. Und wenn man so schrecklich traurig ist …, aber darüber später.

2.

Ich erzähle erst mal der Reihe nach weiter.
Es kam der letzte Schultag und ich kriegte mein Zeugnis. Ein ziemlich gutes mit einer Eins in Englisch und auch sonst nicht übel. Nur Sport ist mein großes Problem. Ich bin total ängstlich beim Geräteturnen, habe absolut kein Ballgefühl und kann mich auch beim Schwimmen nur mühsam über Wasser halten. Immerhin kriegte ich eine wohlwollende Vier.
Trotzdem war ich nicht glücklich. Und das hat, wie du weißt, mit dem Verliebtsein meiner Freunde zu tun.
Ich ging mit Alessandro nach Hause.
Alessandro ist eine Klasse über mir und wohnt in unserem Haus, eine Etage unter uns.
Er gehört auch zu meinen besten Freunden. Allerdings sind wir nie auf die Idee gekommen, uns ineinander zu verlieben. Das liegt daran, dass Alessandro wie 12 aussieht.
Er ist einen Kopf kleiner als ich, ist total dünn und hat eine hohe Mädchenstimme.
Das ärgert ihn.

Genauso wie ich mich darüber ärgere, dass ich ein bisschen zu dick bin und mit meinen rötlichen Haaren, der weißen Haut und dem pausbäckigen Gesicht auch nicht gerade wie Sarah Connor aussehe.
„Es ist so gemein. Alle haben einen Freund, nur für mich bleibt keiner übrig", jammerte ich. Alessandro schwieg eine Weile und ging neben mir her. Ich sah ihm an, dass er überlegte, mir etwas zu sagen. Schließlich tat er es. „Ich habe ja auch nicht viele Chancen bei Mädchen", sagte er nach einer Weile.
„Aber im Chat kriege ich immer eine."
„Du chattest?" Das fand ich spannend. Alessandro grinste.
„Falscher Name, falsches Foto und schon stapeln sich die Frauen in Dreierreihen."
„Aber auch sie haben dir ein falsches Foto und einen falschen Namen gegeben und sind in Wirklichkeit dicke alte Männer mit Bierbauch und Glatze", regte ich mich auf. Alessandro lachte.
„Macht doch nichts. Ich lerne sie ja sowieso nicht kennen. Denn sonst würden sie ja sehen, dass ich nur 1,50 Meter groß bin und 49 Kilo wiege."

Wir gingen weiter, und das Thema hatte mich gepackt. Wenn ich schon nicht den Typen meines Lebens treffen würde, war es wenigstens schön, mit jemandem zu flirten, den man nicht kannte. Ja, vielleicht war gerade das besonders spannend.
Ich konnte gar nicht abwarten, dass meine Eltern in Urlaub fuhren und mein Bruder sich mit Tina ins Zimmer verzog. Dann warf ich meinen Compi an.

Lovechat, Sofortzugang.
„Lovechat.de/Gast wird geöffnet", meldete mein Compi.
Zuerst der Codename. Ich wählte Glücksfee, Waldelfe, Biene Maja, Punkerbraut, doch immer wieder schrieb mir der Chat, dass der Name vergeben sei.
Es war zum Verzweifeln. Schließlich wählte ich „Erdnuss" und wurde zugelassen.
„Erdnuss betritt den Chatroom", hieß es nun. Du kannst dir sicher denken, wie blöde man sich fühlt, wenn man als Erdnuss den Chatroom betritt.

„Na, Erdnuss, soll ich dich mal zu Butter verarbeiten?", schrieb Technikwilly.
Ich kriegte einen richtigen Schrecken.
„Er sieht dich nicht, er kennt dich nicht", sagte ich mir immer wieder. Doch ich fühlte mich nicht besonders wohl.
„He, Erdnuss, bist du gesalzen oder ungesalzen?"
Ich antwortete nicht.
Ich bin nicht besonders schlagfertig, und wenn man gleich so blöde angemacht wird, vergeht einem echt der Spaß an der Sache.
Überhaupt war ich ziemlich enttäuscht.
Hier schien echt der Treffpunkt der Dämlichen zu sein.
„Spiderman, schnurr doch mal wieder", gab Irish Pub von sich.
Und Spiderman antwortete: „Spiderman will in die Heia."
Das fand ich echt ultradumm. Ich war auch erstaunt, wie schnell die Schrift über den Bildschirm lief. Ich konnte kaum mitlesen. Schon gar nicht kapierte ich, wer mit wem redete. Aber das verstanden die anderen wohl auch nicht. Es ging darum, irgendwas Blödes zu sagen und dazu einen Smiley einzusetzen.

„Bin abgenervt." (Smiley)
„Hua hua hua." (Smiley)
Ich ging in den Kuschelraum, doch auch hier schien ich zu stören. Wurzelzwerg und MP339 flirteten miteinander.
„Hau ab, du stinkst!", chattete mir MP339 zu. Was soll man darauf antworten? Ich machte, dass ich wegkam.
Eine halbe Stunde später saß ich bei Alessandro auf dem grauen Sofa seines Zimmers zwischen Postern von Ferrari und Michael Schumacher und einer großen Italienfahne und sah ihm beim Chatten über die Schulter.
„Also, ich weiß nicht, wie du dabei die Frauen in Dreierreihen stapelst", seufzte ich. „Bei mir kann gar keiner anbeißen. Weil alles so stressig schnell geht, dass ich das gar nicht mitkriegen würde."
Alessandro lachte sich schlapp.
„Lovechat, da boxt ja auch der Papst. Du musst einen Chat nehmen, bei dem nicht so viele sind. Bielefeld hat zum Beispiel einen eigenen Chat. Da kannst du sogar deinen Chatter persönlich kennenlernen. Jedenfalls, wenn du willst."
Und Alessandro machte es mir vor.

Als Michel Schumi (wie witzig!) klickte er sich im Chat ein, und im Nu traf er auf alte Bekannte.

„Hi Michel – gestern das Rennen gesehen?", schrieb Ferrariheld.

Und dann diese Nachricht:

„Michi (Smiley) auch wieder da (Smiley), komm mit mir in den Privatchat!"

Das war Barbiegirl.

Alessandro grinste mich von der Seite an.

„Jetzt weißt du, wie es geht, oder?"

Ich merkte, er wollte jetzt alleine sein und sich mit Barbiegirl im Privatchat treffen.

„Denk dran", sagte ich ihm. „Ein Mädchen würde sich nie Barbiegirl nennen. Nur ein alter Mann mit …"

„… Bierbauch und Glatze, ich weiß!", lachte Alessandro. „Aber ich stehe auf solche Männer. Sie erinnern mich an meinen Vater."

Jetzt lachten wir beide.

„Ich geh dann", sagte ich. „Und denk dran, ich bin gleich auch im Chat. Nicht dass du mit mir flirtest."

„Das würde mir tierisch Spaß machen", sagte Alessandro, und das fand ich echt nett von ihm.

Nun war ich um ein paar Erfahrungen reicher.
Bielefeldchat tippte ich in meinen Compi, und
der Chat öffnete sich.
„Möchtest du dich registrieren lassen oder als
Guest in den Chatroom?"
Ich entschied mich, erst mal Gast zu sein.
„Welchen Nickname möchtest du verwenden?"
Ich nagte an meiner Haarsträhne herum.
„Wolfslady", schrieb ich und, oh Wunder,
der Name war noch nicht vergeben.
„Wolfslady betritt den Chatroom", erschien
eine Schrift auf dem Bildschirm.
Ich sah mich um. 12 Teilnehmer chatteten
miteinander. Einige schienen sich zu kennen.
Ich entschied mich, gleich aktiv mitzu-
machen.
„Hallo zusammen. Ich bin Wolfslady."
„Bist du das erste Mal hier?", fragte mich Flie-
genpilz.
„Ja", gab ich zu. „Überhaupt habe ich noch
nie gechattet. Es geht alles so schnell.
Wie kriegt ihr diese Smileys?"
Grenzenlos erklärte es mir, und ich probierte
es gleich aus. Ich wählte einen roten Smiley.

„Sieht gut aus", schrieb Kampfhund.
„Du lernst schnell", fügte Sonnenkönig hinzu. „Du scheinst ein schlaues Mädchen zu sein."
„So schlau bin ich auch wieder nicht", schrieb ich zurück. „In Mathe hapert es immer bei mir."
Kaum hatte ich die Nachricht abgeschickt, ärgerte ich mich. Denn irgendwie hatte ich damit auch verraten, dass ich ein Mädchen bin und dass ich noch zur Schule ging.
„Wie alt bist du?", wollte der Sonnenkönig wissen.
Uiui, das war ja ein ganz schönes Gerangel um mich. Irgendwie freute es mich auch.
„Ich bin 17", log ich.
„Du interessierst mich", schrieb der Sonnenkönig weiter. „Wollen wir uns nicht im Privatchat treffen?" Und dazu folgte ein zwinkernder Smiley.
„He, he, nicht so eilig, Sonnenkönig", schrieb nun Kampfhund. „Vielleicht interessieren wir uns ja auch für sie."
Ich lehnte mich in meinem Schreibtischstuhl zurück und starrte auf den Bildschirm. Sah ich richtig? Las ich richtig? Ich war 14 Jahre alt, ich hatte rötliche Haare, nichts sagende

blau-grau-grüne Augen, weiße Haut, eine Speckrolle zwischen Busen und Bauch und Polster an den Oberschenkeln. Und trotzdem rissen sich hier gleich zwei Typen um mich.
„Vorsicht, Vorsicht!", sagte meine innere Stimme. „Das sind irgendwelche Männer, die sich an Kindern vergreifen. Wie hießen die noch? Pädophile oder so. Oder es waren lesbische alte Frauen. Wie war noch mal der Fachbegriff dafür?
„Wie geht das mit dem Privatchat", fragte ich.
„Einfach /topic#longe-privateroom eingeben", gab der Sonnenkönig zurück.
„Was riskierst du schon?", dachte ich.
„Du wirst dich doch sowieso nicht mit dem Typen treffen."
Ich tippte es ein. Ein Privatchat öffnete sich, und der Sonnenkönig wartete auf mich.

3.

„Hallo – schön, dich allein zu treffen", schrieb Sonnenkönig.
Ich war erstaunt, wie sich die Dinge nun plötzlich veränderten. Denn auch wenn ich anonym bleiben wollte, hatte ich doch das Gefühl, eng mit einer Person zusammen zu sein.
Mein Herz klopfte. Ich fand es ziemlich prickelnd, auf einen Typen allein zu treffen, den ich gar nicht kannte.
„Finde ich auch schön", antwortete ich, obwohl das nicht so ganz stimmte. Ich war eigentlich ein bisschen überrumpelt.
„Wer bist du, wie heißt du, und wie alt bist du?", wollte der Sonnenkönig wissen.
Und das war schon die erste Falle, in die ich stolperte. Es lag daran, dass ich mich nicht richtig vorbereitet hatte. Ich hätte mir in Ruhe eine eigene Persönlichkeit aufbauen sollen: Azubi bei Klingenthal zum Beispiel, 18 Jahre, Spanierin. Oder Lehrer an der Gesamtschule, 24 Jahre, verheiratet, aber immer auf der Suche nach 'ner tollen Braut. Oder auch Künstlerin, 44 Jahre, Single, wohlhabend und schrill.

Am klügsten aber wäre es gewesen, wenn ich einfach weiter die Wolfslady geblieben wäre und geschaut hätte, was der Typ überhaupt von mir wollte.
Aber wie gesagt, ich hatte mich nicht vorbereitet.
Ich hatte mein eigenes Ich nicht abgelegt und bewegte mich immer noch in meiner kleinen Welt.
Wie könnte ich mich nennen, dachte ich unruhig. Cilia vielleicht. Oder Nathalie.
Das hörte sich irgendwie schick an.
„Ich verstehe, dass du deinen Namen nicht sagen magst", schrieb der Sonnenkönig.
„Du weißt ja auch überhaupt nichts von mir – darum stelle ich mich am besten erst mal vor: Ich heiße Sven König und bin 21 Jahre. Ich bin Zivi im Johanneskrankenhaus. Außerdem bin ich Single und wohne alleine. Da kannst du dir denken, dass man sich manchmal einsam fühlt."
Das hörte sich verdammt ehrlich an.
Und was noch dazukam: Mir ging es ähnlich.
Ich fühlte mich auch verdammt allein.
„Mir geht es ähnlich", schrieb ich. „Ich komme mir im Moment auch ganz schön alleine vor.

Alle meine Freunde haben sich gerade verliebt. Nur ich hänge hier alleine. Und das mitten in den Sommerferien."

„Das kann ich gut nachvollziehen", schrieb der Sonnenkönig. „Meine Freundin hat vor einem halben Jahr Schluss gemacht. Stell dir vor, sie ist mit meinem besten Freund abgezogen. Damit habe ich gleich zwei Freunde auf einmal verloren."

Kommt dir das bekannt vor? Mir schon. Ich hatte das Gefühl, diesem Typen geht es genau wie mir. Und ehe ich mich versah, hatte ich ihm mein halbes Leben erzählt. Von Dennis und Tina, von Rebecca und Andrej Dierksmeier. Natürlich ohne einen Namen zu nennen.

Wir chatteten fast eine Stunde miteinander. Und als ich den Chat irgendwann verließ, war ich ziemlich gut drauf.

Ich schaute noch kurz bei Alessandro vorbei. „Hat geklappt", sagte ich. „Um mich scharen sich die Jungs auch."

„Das wurde auch dringend Zeit", lachte Alessandro.

Zuerst chatteten wir regelmäßig im Privatroom weiter, dann hatte ich das Gefühl, dass ich Sven echt vertrauen konnte.
„Gib mir doch wenigstens mal deine Mail-Adresse und deine ICQ-Nummer", bat er immer wieder. „Dann können wir viel enger miteinander reden. Tag und Nacht, wenn du willst. Sogar aus dem Krankenhaus kann ich dich mal anmailen."
Er hatte ja irgendwie Recht. Warum war ich immer so misstrauisch. Jetzt war ich aber nicht so doof, ihm meine Mail-Adresse Sarah-Hoffmann@gmx.de zu schicken.
Ich richtete mir bei gmx eine neue Adresse ein: Wolfslady@gmx.de. Hört sich cool an, oder?
Dann schickte ich ihm noch meine ICQ-Nummer. Und von da an gab es kaum eine Stunde, in der ich nicht kurz von ihm hörte. Das war ein irres Gefühl. Man schaut in die Mailbox, und eine liebe Nachricht ist gekommen.
„Wie geht es dir, mein Herz?", schrieb er.
„Ich habe heute so viel zu tun, aber ich habe immer noch Zeit, an dich zu denken."
„Ich denke auch an dich", mailte ich zurück.

Eine Weile später schrieb er: „Willst du mir nicht endlich mal deinen Namen sagen und ein Foto schicken – ich würde dich so gerne mal persönlich kennenlernen."
Ich nagte an meiner Unterlippe und betrachtete mich im Spiegel. Was würde der Typ denken, wenn er mich sah.
Schon war wieder eine Mail gekommen.
Als ich sie öffnete, sah ich an den Ladezeiten, dass sie ein Foto enthielt. Und da war er nun mitten auf meinem Bildschirm. Halblange Haare, kurzer Bart, kleine dunkle Augen und eine steile Falte zwischen den Augen über der Stirn.
Ich war erstaunt über das Bild. Ehrlich gesagt hatte ich ihn mir anders vorgestellt. Er sah streng aus. Irgendwie ein bisschen ... ja, brutal ist vielleicht das falsche Wort, aber vielleicht hart. So, als wenn er sich nicht die Wurst vom Brot nehmen ließ.
Und er sah älter aus als 21. Wie dreißig eigentlich. Aber da konnte man sich schnell täuschen. Ich kann ein Alter sowieso schlecht schätzen. Herrn Halser, unseren Klassenlehrer, hatte ich auf 40 geschätzt, dabei geht er schon im nächsten Jahr in Pension.

„Jetzt bist du aber auch mal dran", schrieb er. „Wenigstens ein Foto und deinen Namen hätte ich auch gerne mal."
Das war ja nun auch wirklich mehr als überfällig. Das Problem lag ja auch gar nicht darin, dass ich Sven noch misstraute, das Problem war eigentlich nur, dass ich mich selbst nicht so gerne mochte.

Ich durchsuchte meine Fotokiste nach einem brauchbaren Foto. Aber die meisten Bilder sahen schrecklich aus. Wenn ich mich damit bei einer Geisterbahn beworben hätte, hätte ich den Job jedenfalls sofort gekriegt. Endlich fand ich ein schönes Foto von Rebecca und mir, wie wir Arm in Arm bei Rebecca auf dem Balkon sitzen und in die Kamera lächeln. Rebeccas Mutter hatte es gemacht. Toll war das Foto jedenfalls, weil Rebecca so toll aussah. Sie hatte ihre schicken Haare um ihre Schultern verteilt und strahlte in die Kamera. Ich grinste ein bisschen verlegen. Aber auch das sah nicht so schlimm aus. Jedenfalls besser als die

anderen Fotos, die ich hatte. Ich scannte das Foto ein. Dann schickte ich es Sven.
„Wow!", schrieb Sven sofort zurück. „Ihr seid beide wunderschön – aber wer bist du?"
Immerhin ein Kompliment. Aber das hatte er nur geschrieben, weil er nicht ins Fettnäpfchen treten wollte. Denn Rebecca war klar die Schönere von uns, das ließ sich nicht abstreiten.
„Ich stehe rechts", schrieb ich. „Die mit den langen Haaren und den blauen Augen. Ich heiße Rebecca Teglow und bin 18 Jahre alt."
„Du hast mal im Chat erzählt, dass du 17 bist", schrieb Sven zurück.
Schwitz. Das passiert schnell, wenn man sich seine Lügen nicht aufschreibt.
„Zwischendurch hatte ich Geburtstag", log ich gekonnt, „und bin 18 geworden."
„Das hast du mir gar nicht erzählt", war nun Sven wieder zu lesen. „Ich würde dir gerne ein Geburtstagsgeschenk machen."
Uiui, auf was hatte ich mich denn da jetzt eingelassen? Ehe ich mich versah, lud er mich zu einem Treffen ein. Und dann musste er feststellen, dass ich doch das hässliche Gretel auf der anderen Seite des Fotos war.

„Nicht nötig", schrieb ich. „Ich stehe nicht so auf Geburtstagsgeschenke. Ich habe auch gar nicht gefeiert. Mir war nicht danach."
„Du bist das ungewöhnlichste Mädchen, das ich jemals kennengelernt habe", schrieb Sven. „Das hätte ich nie gedacht. Ich habe noch nie jemanden im Chat kennengelernt, der mich so interessiert hat."
Ich weiß, du verdrehst jetzt die Augen und denkst: So ein Gesülze! Dass die überhaupt nichts merkt. Der will sie doch nur blöde anmachen, mit ihr in die Kiste springen und dann weiter suchen.
Na klar, so blöde bin ich auch nicht. Ich habe mir natürlich auch gedacht: Der ist bestimmt jede Minute im Chat und baggert die Girls an. Und der hat jede Menge blöde Sprüche drauf und sülzt, dass sich die Balken biegen.
Aber da war auch die andere Seite. Ich war eben furchtbar allein und froh, dass es jemanden gab, der mir etwas Nettes schrieb. Auch wenn das alles gar nicht stimmen musste. Es war einfach nett, dass es ihn gab.
Abends hatte ich noch eine Weile mit Sven im ICQ gechattet. Dann musste er arbeiten

gehen. Ich zog mir noch einen Film rein und ging ins Bett.
Aus Dennis' Zimmer hörte ich Bettquietschen und Kichern. Oh Mann, mein Bruderherz konnte mal wieder den Hals nicht voll kriegen. Schon seit Tagen hatte ich ihn nicht mehr gesehen.

Gerade hatte ich mich in mein Bett gekuschelt und an Sven gedacht, da klingelte mein Handy. Rebeccas Nummer.
„Rebecca?" Ich war schon leicht verschlafen.
„Sarah? Hör zu, da ist so ein Typ. Der bedroht mich!"
Ich schoss sofort hoch. „Wieso bedroht er dich? Wo bist du, um Himmels willen?"
Rebecca schluchzte.
„Zu Hause. Alleine. Aber der ruft mich immer an. Stöhnt ins Telefon und sagt, er kommt gleich vorbei. Und er steht vor unserem Haus und wartet auf mich. Ich weiß nicht, was ich machen soll."
Sie klang völlig verzweifelt. Ich wusste, dass Rebeccas Eltern nachts arbeiteten

und Rebecca oft alleine war. Sie wohnte in der Fußgängerzone direkt über Karstadt.
In der Innenstadt wohnten nur wenige Menschen, und das machte es immer ein bisschen unheimlich in Rebeccas Wohnung. Rebecca und ihre Eltern waren die Einzigen, die in dem großen Haus wohnten. Sonst gab es nur noch Arztpraxen und Lagerräume.
„Hast du schon Andrej angerufen?"
„Der ist nicht da. Im Urlaub für drei Wochen."
„Typisch Jungs. Wenn man sie braucht, sind sie weg."
Rebecca schluchzte.
„Kommst du, Sarah? Du bist doch meine beste Freundin."
„Schon unterwegs", sagte ich.
Ich schlüpfte in die Klamotten. Dann schrieb ich Dennis einen Zettel, für den Fall, dass er irgendwann mal sein Bett verließ, und legte ihn auf den Küchentisch.

4.

Es war kurz vor elf. Ich überlegte kurz, wie ich auf dem schnellsten Weg zu Rebecca kommen sollte. U-Bahn-Fahren war um diese Zeit immer unheimlich, aber es war schnell. Also versuchte ich, Rebecca zuliebe meine Angst zu überwinden.
Die U-Bahn war Gott sei Dank nicht voll, und niemand stand dort herum, der mir Angst machte.
Am Neumarkt stieg ich aus und ging langsam über den Platz. Um zu Rebeccas Wohnung zu kommen, musste man in einen längeren Hauseingang einbiegen. Neben der Tür gab es verschiedene Klingeln.
Ich hob meine Hand, um auf die Klingel zu drücken. Dann aber fiel mir ein, was Rebecca gesagt hatte. Der Typ würde zu ihr hinüberstarren. Also konnte er nur auf dem Neumarkt stehen.
Das war ein unheimliches Gefühl.
Vorsichtig sah ich mich um. Auf dem Marktplatz waren nicht viele Menschen. Ein alter Mann mit einer Flasche in der Hand, ein knutschendes Pärchen und eine Gruppe Jugendlicher.

Außerdem gab es hier noch eine Straßenkneipe, die ein paar Stühle aufgebaut hatte. Dort saßen eine Reihe von Leuten, tranken, lachten und redeten.
Ich schaute in das Schaufenster einer Buchhandlung. Von da aus sah ich mich vorsichtig um. Niemand war zu sehen. Vielleicht war er gegangen. Dann konnte ich zu Rebecca hinaufgehen, sie in den Arm nehmen und mit ihr in Ruhe über alles reden.

Gerade wollte ich zu Rebeccas Haus hinübergehen, da sah ich einen Typen in dieser Straßenkneipe sitzen. Er hatte ein Handy an seinem Ohr. Ich sah nur seinen Rücken. Er hatte eine beige Jacke an.
Vorsichtig ging ich näher auf ihn zu. Dann spazierte ich ganz unauffällig durch die quatschenden Menschen, als wenn ich einen Platz suchte. Je näher ich kam, umso deutlicher konnte ich seine Stimme verstehen. Sie klang zärtlich und einschmeichelnd.
Das war er! Bestimmt!

Ich setzte mich an den freien Tisch hinter ihm und hoffte sehr, dass die Bedienung nicht allzu schnell kam. Der Typ hatte mich nicht bemerkt. Er sprach mit unveränderter Lautstärke. Nur dass ich ihn jetzt verstehen konnte.

„Mein Mauseschätzchen, warum hast du denn das Licht ausgemacht, hm?", flötete er. „Jetzt bist du ja ganz alleine im Dunkeln. Huu, das ist aber unheimlich, was? Da wäre es doch schön, wenn der liebe Onkel Jürgen zu dir hochkommt und dir mal zeigt, was man alles so im Dunkeln machen kann, was, mein Mauseschätzchen?"

Ich will ja nicht angeben, aber ich habe eine fantastische Reaktion in Schreckmomenten. Es gibt Leute, die kreischen bei so etwas, andere drehen sich um und glotzen dem Täter direkt ins Gesicht.

Ich bin da immer sehr konzentriert, und mein Verstand läuft auf Hochtouren.

Ich stand ganz ruhig auf. Dann schlenderte ich eine Runde durch den Mittelgang des Straßencafés. Schließlich drehte ich mich irgendwann ganz langsam um und ging zurück. Dabei kam ich an diesem Onkel Jürgen vorbei.

Er beachtete mich nicht. Unablässig hatte er seinen Blick auf Rebeccas Wohnung im dritten Stockwerk gerichtet. Er grinste dabei und redete in sein Handy. Allerdings war er jetzt so leise, dass ich ihn nicht verstehen konnte.
Ich ging an ihm vorbei und betrachtete sein Gesicht. Dabei prägte ich mir sein Aussehen genau ein: lockige, dünne, kurze Haare, Halbglatze, etwa 40 Jahre alt, etwas pummelig, graue Hose, grau-rot geringeltes T-Shirt, volle Lippen, kein Bart, weißes Gesicht, Stupsnase.
Ich schloss einen Moment lang die Augen, um mir das Gesicht noch einmal vorzustellen. Sollte mich die Polizei befragen, konnte ich ihn so genau beschreiben, dass ein Polizist ihn malen konnte. Ich würde ihn auch in einer Polizeikartei erkennen.
Er hatte aufgehört zu reden, starrte aber unablässig auf die Wohnung. Das Handy lag jetzt neben ihm auf dem Tisch.
Ich drückte mich an der Häuserwand entlang und hoffte, es würde nicht auffallen, wenn ich jetzt bei Teglows klingelte.
„Wer ist da?", hörte ich Rebeccas atemlose Stimme durch die Sprechanlage.

„Ich bin's, Sarah."
„Gott sei Dank."
Der Türöffner summte. Ich betrat das Treppenhaus. Und obwohl ich ja eigentlich ziemlich sicher sein konnte, dass dieser seltsame Typ da draußen saß, kriegte ich doch hier im Treppenhaus noch mal so seltsame, unheimliche Gefühle. Was, wenn hier noch jemand steckte? Oder wenn der Typ, den ich gesehen hatte, gar nicht der Mann war, der mit Rebecca telefonierte? Hier im Treppenhaus konnte man sich gut verstecken. Es standen Kisten herum, eine alte Leiter war dort an der Ecke, und hinter der einen Kiste stand ein Kleiderständer mit Sachen.
„Ruhig, ruhig", sagte ich mir immer wieder. Aber mein Herz schlug so hart gegen meine Rippen, dass ich Mühe hatte, zu atmen. Warum öffnete Rebecca nicht über mir ihre Wohnungstür und rief etwas zu mir herunter, wie sie es sonst immer machte? Wahrscheinlich hatte sie genauso viel Angst wie ich.
Sollte ich durch dieses lange, unheimliche Treppenhaus gehen? Zwischen diesen

Pappkartons hindurch? Mit diesen langen dunklen Schatten an der Wand?
Eine dicke Gänsehaut kroch mir über den Rücken.
Ich beschloss, den Fahrstuhl zu nehmen, und drückte auf den Knopf. Der Fahrstuhl öffnete sich sofort weit und einladend. Das passiert an einem Nachmittag nur sehr selten. Meist braucht der Fahrstuhl eine Weile, bis er ratternd im richtigen Stockwerk angekommen ist.
Dass er sich mir jetzt so groß und gähnend öffnete, war mir wieder ein bisschen gespenstig. Aber ich stieg ein und drückte auf die Drei.

Die Fahrstuhltür schloss sich, und der Fahrstuhl ruckelte los. Die Eins leuchtete auf, dann die Zwei. Und dann passierte das Allergeisterhafteste. Die Fahrstuhltür öffnete sich auf der zweiten Etage, obwohl ich doch in die dritte wollte.
Ich hielt die Luft an und starrte mit wahnsinnigem Herzklopfen auf den schwarzen

Flur. Waren da nicht Schritte zu hören? Stand
der Typ jetzt hier im Treppenhaus und kam zu
mir in den Fahrstuhl? In diesem engen Raum
gab es keine Möglichkeit, zu entkommen.
Wahrscheinlich würde er mir eine Schlinge
um den Hals legen und mich erwürgen.
Aber niemand kam. Die Tür schloss sich
wieder, und der Fahrstuhl fuhr ratternd weiter.
Ich lebte weiter und fuhr in den dritten Stock.
Das war kaum zu glauben.
Trotzdem war ich natürlich nicht erleichtert,
denn ich musste ja noch im dritten Stockwerk
aus dem Fahrstuhl steigen und ein Stück den
langen, dunklen Flur entlanglaufen.
Die Zeit verging unendlich langsam, und als
das Lämpchen für die Drei aufblinkte und
sich der Fahrstuhl erneut öffnete, war ich
schweißgebadet.
„Rebecca!", rief ich und rannte aus dem
Fahrstuhl. „Rebecca, mach auf, ich bin es!"
Irgendwie war ich fast verwundert, dass sich
keine Hand mit einem schwarzen Handschuh
über meinen Mund legte.
Im Gegenteil. Rebecca riss die Korridortür auf
und schaltete das Licht an. Überall waren
Schatten zu sehen, aber jetzt waren wir

schon zu zweit und fühlten uns beide besser.
Ich rannte zu Rebeccas Wohnungstür
hinüber.
„Sarah?"
„Genau. Kein Stress. Ich bin es."
Ich versuchte, locker zu klingen. Es hätte
Rebecca nicht geholfen, wenn ich auch in
Panik gewesen wäre.
Rebecca stand in der Wohnungstür und
starrte mich an. Sie war kreidebleich.
„Komm rein!"
So schnell sie konnte, schlug sie die Tür
hinter mir wieder zu.

„Habt ihr keinen Sicherheitsriegel?"
„Leider nein. Wollte mein Vater immer
anbringen. Hat er aber nicht."
Sie ging hinter mir her ins Wohnzimmer.
Die Wohnung war dunkel. Rebecca hatte
überall das Licht ausgeschaltet.
„Hast du den Typen gesehen?", fragte sie
ängstlich.
„Ich glaube schon. Er sitzt da unten auf den
Gartenstühlen in der Kneipe und hat einen

tollen Blick auf eure Wohnung. Es ist echt ein seltsamer Typ mit Locken und Halbglatze. Und irgendwie sieht er geil aus, wenn er ins Telefon spricht."
„Komisch, dass es keiner merkt."
„Das ist gar nicht komisch. Keiner achtet darauf, was andere ins Handy quatschen. Außerdem sprach er ziemlich leise."
Ich lugte durch die Gardine.
„Da unten ist er. Siehst du? Er ist aufgestanden."
Rebecca schüttelte den Kopf und verkroch sich in ihren Sessel.
„Ich will ihn nicht sehen. So ein Schwein. So ein schreckliches Schwein." Sie schluchzte. „Zuerst war er ganz nett. Er sagte, dass er sich verwählt hätte und was ich für eine nette Stimme hätte. Und dann wollte er wissen, wie ich hieße und ob ich wirklich die Nummer hätte, die er gewählt hätte."
Ihre Stimme schlug um. Es hörte sich so an, als wenn sie gleich anfangen würde, zu weinen.
„Aber weil er nicht auflegen wollte, fand ich ihn irgendwann nervig und sagte, ich müsste jetzt Hausaufgaben machen. Daraufhin

meinte er, wir hätten doch heute Ferien gekriegt. Und dass er mich gesehen hätte, wie ich mit meinem Zeugnis nach Hause gegangen wäre. Und dass ich noch im Café Schmidt mit den anderen aus meiner Klasse gewesen wäre."

„Im Café Schmidt?", fragte ich atemlos.

Rebecca nickte und zitterte.

„Er verfolgt mich", flüsterte sie. „Er weiß, wo ich wohne, wo ich zur Schule gehe."

„Weiß er, dass du einen Freund hast?"

„Ich weiß nicht. Ich habe Andrej heute Mittag nicht getro…"

„Warte mal, Rebecca", sagte ich. „Jetzt wählt er wieder."

In dem Moment klingelte Teglows Telefon wieder.

Rebecca schrie auf.

„Das ist er wieder. Geh nicht dran, Sarah. Er ist so widerlich."

„Keine Angst. Er steht da draußen, und so lange kann er uns nichts tun", sagte ich, so mutig ich konnte. Trotzdem zitterte meine Hand schrecklich, als ich den Hörer abhob.

„Hallo."

„Rebecca, meine Kleine. Bist du das wieder?"

Er stöhnte. „Ich weiß, dass du das bist. Ich weiß, dass du genauso einsam wie ich bist. Wir beide, wir gehören zusammen." Wieder stöhnte er. „Mein Jonny, der sehnt sich auch so nach dir. Der kann es gar nicht abwarten, bei dir zu sein."
Sein Stöhnen wurde lauter.
Tausend Gedanken schossen mir durch den Kopf. Was machte man mit so einem Typen? Ich hatte mal einen Bericht über solche Menschen im Fernsehen gesehen. In einer Talkshow hatte ein Mädchen erzählt, dass sie ein halbes Jahr lang von einem Typen verfolgt wurde. Eine Frau sagte, man sollte mit einer hohen Trillerpfeife ins Telefon pfeifen, dass diesen Typen die Ohren abfielen.
Schade nur, dass man bei solchen Gelegenheiten keine Trillerpfeife dabei hatte.
„Oh." Er stöhnte. „Ich wäre so gerne bei dir. Du willst es auch, nicht wahr? Du bist auch allein. Lass mich bei dir sein, ja? Ich komme jetzt hoch zu dir."
Ich warf den Hörer auf die Gabel. Das war ja echt zum Kotzen. Wenn Rebecca das schon den ganzen Abend durchgemacht hatte, konnte sie einem furchtbar leidtun.

„Hör zu, Rebecca", sagte ich. „Komm wirkl' mal ans Fenster und gucke dir den Typen an. Vielleicht kennst du ihn ja. Die meisten machen das, weil sie eigentlich enttäuschte Liebhaber sind. Vielleicht ist es einer aus unserer Stadt, der sich in dich verknallt hat. Oder vielleicht ist es ein Verwandter von dir. Ein Onkel oder so."
„Ich kenne keinen, der so etwas machen würde", sagte Rebecca entsetzt.
Trotzdem kam sie zu mir an das Fenster. Vorsichtig schoben wir die Gardine an die Seite und blickten auf die Straße.
„Wo ist er denn?", wollte Rebecca wissen.
Ich starrte nach links, danach nach rechts.
Der Typ war verschwunden.
„Vielleicht ist er weg", überlegte ich. „Hat sich so angehört, als wenn er einen Orgasmus hatte, und vielleicht reicht es ihm ja jetzt."
Rebecca sah nicht sehr überzeugt aus.
„Meinst du?"
„Ich glaube schon. Ich meine, der Typ wird nicht die ganze Nacht da rumstehen. Vielleicht ruft er ein paar Mädchen an und stöhnt so lange, bis er gekommen ist, und dann verzieht er sich wieder."

dachte nach.
Irum ich?", sagte sie dann.
„Warum weiß er, wie ich heiße und wo ich wohne?"
„In dieser Talkshow, die ich mal gesehen habe, sagten sie, es kann einfach Zufall sein. Er hat dich auf dem Schulweg gesehen, und vielleicht hast du ihn an jemanden erinnert. Jedenfalls solltest du auf keinen Fall so eine Panik haben."

Fast hätte mir Rebecca geglaubt. Sie sah schon richtig entspannt aus. Dann aber hörten wir etwas, das uns das Blut in den Adern gefrieren ließ.
Das Licht im Treppenhaus wurde angeschaltet. Und dann kam jemand die Treppe hinauf.
„Hörst du das?"
„Ja."
Stufe für Stufe knarrte uns jemand entgegen.
„Wer ist das? Meinst du, ER?"
„Woher soll ich das wissen?" Rebeccas Stimme war schon wieder einige Tonlagen höher. „Was machen wir?"

Hast du mal so richtig schreckliche Angst um dein Leben gehabt?
Mir ist das noch nicht so oft passiert. Einmal, als ich zufällig vom Bahnsteig auf die Schienen gefallen bin und ein Zug kam. Und einmal, als ich im Klo auf einer Gaststätte eingesperrt war. Aber damit konnte man das, was hier abging, eigentlich nicht vergleichen.
Aber es gibt Menschen, die in solchen Momenten zu voller Form auflaufen. Zu diesen Menschen scheine ich zu gehören.
Ich rannte in die Küche und schnappte mir zwei große scharfe Messer aus der Küchenschublade.

Rebecca dagegen verhielt sich wie ein hypnotisiertes Kaninchen. Sie stand hinter der Wohnungstür und bewegte sich nicht mehr. Noch nicht einmal das Messer wollte sie nehmen.
Die Schritte kamen jetzt näher. Dann war der Unbekannte an der Wohnungstür angekommen. Jetzt konnten wir seinen Schatten unter dem kleinen Fenster sehen, das in die Tür eingelassen war.

Rebecca biss sich auf die Fingerknöchel. Ich hielt die beiden Messer links und rechts zum Angriff bereit. Dabei verkroch sich mein Herz in der Tasche meiner Jeans.
Jemand kratzte am Holz der Tür. Und jetzt – das konnte doch nicht wahr sein – wurde plötzlich ein Schlüssel ins Schloss gesteckt. Ein Ruck, und die Tür war auf. Langsam wurde sie geöffnet.
„Nein!", hauchte Rebecca und schloss die Augen.
Ehrlich, wie kann man so eine Reaktion haben? Da hat ein Vergewaltiger ja wirklich ein leichtes Spiel.
Ich dagegen sprang dem Mann entgegen und hielt ihm meine beiden Messer unter die Nase.
„Huch!", machte der Mann und sprang zwei Meter zurück. Dabei stieß er gegen den Türrahmen, dass es nur so polterte. Im Halbdunkeln erkannten wir Rebeccas Vater.
„Papa!", schrie Rebecca.
„Oh, Herr Teglow. Entschuldigung", sagte ich etwas irritiert.
Herr Teglow brauchte eine Weile, bis er seine Fassung wieder fand.

„Was ist denn – oh, mein Gott, das ist ja ein Scherz." Herr Teglow starrte auf meine Messer. „Beinahe wäre ich vor Schrecken tot umgefallen."

„Wir aber auch!", rief Rebecca. Sie war immer noch käsebleich.

„Warum kommst du denn nicht einfach in die Wohnung wie jeder andere Mensch auch!", sagte sie vorwurfsvoll.

„Meckerst du jetzt mit mir, weil ich so leise bin?", wunderte sich Herr Teglow. „Sonst meckerst du immer, weil ich so laut bin. Also, Frauen habe ich in meinem ganzen Leben noch nicht verstanden!"

Das hätte er besser nicht sagen sollen, denn nun fing Rebecca wirklich noch an, zu weinen. Dann erzählte sie ihrem Vater mit kurzen Sätzen, was geschehen war.

Und ganz plötzlich, mitten im Erzählen, klingelte das Telefon. Rebecca brach ab und kriegte wieder diesen Kaninchenblick.

„Ist er das?", fragte Herr Teglow.

Rebecca war nicht einmal in der Lage, zu antworten.

Mit einem Satz war Herr Teglow am Telefon und riss den Hörer hoch. Dann wartete er.

Wir konnten das Stöhnen bis zum Ende des Zimmers hören.

„Rebecca, mein Mäuschen. Bist du das wieder?"

„Reden Sie nur weiter", sagte Herr Teglow mit tiefer, lauter Stimme. „Die Polizei hat nämlich eine Fangschaltung eingebaut, und Sie werden sicherlich gleich geortet sein. Viel Spaß dann."

Klick, machte es, und der Typ hatte aufgelegt.

„Hatte der es aber eilig", grinste Herr Teglow.

5.

Herr Teglow hatte mich nach Hause gefahren, als Rebeccas Mutter nach Hause gekommen war. Und weil ich immer noch so Angst hatte, brachte er mich sogar bis zur Korridortür.

„Danke, dass du dich so um Rebecca gekümmert hast", sagte er noch. „Du bist wirklich eine gute Freundin."

„Rebecca hätte das auch für mich getan", sagte ich, aber wenn ich ehrlich bin, bin ich nicht so sicher, ob das wirklich so ist. Seit sie mit Andrej zusammen ist, ist unsere Freundschaft nicht mehr so wie früher.

In der Wohnung war alles dunkel. Auch aus Dennis' Zimmer kam kein Licht und kein Geräusch. Dennis und Tina schienen ausnahmsweise mal das Bett verlassen zu haben. Weil mir immer noch so unheimlich war, schloss ich erst einmal die Wohnungstür gut ab, danach sogar mein Zimmer.

Dann warf ich den PC an und startete das ICQ-Programm. Sven hatte ich unter Sonnenkönig in der Namensliste gespeichert. Ich sah sofort, dass er online war.

„Hi Sonnenkönig! Schon von der Arbeit zurück?"
Er antwortete sofort, und das zeigte mir irgendwie, dass er sich freute.
„Rebecca, wie geht es?"
„Ich habe heute Abend was Schreckliches erlebt", schrieb ich. Und dann erzählte ich ihm die ganze Sache mit Rebecca.
„Was für ein ekliger Typ", regte sich Sven auf. „Es laufen unheimlich viele perverse Typen in der Welt herum. Da muss man ganz schön aufpassen, auf wen man sich einlässt."
Während er schrieb, klappte ich die Mail von ihm auf, auf der sich sein Foto befand, und kopierte es mir ins Programm. So konnte ich ihn mir immer wieder anschauen. Er sah auf seine Art gut aus. Streng, mit einer steilen Falte zwischen den Augenbrauen, aber irgendwie auch ziemlich süß.
„Ich gucke mir die ganze Zeit über dein Foto an", schrieb ich. „Du siehst sehr ... sympathisch" wollte ich erst schreiben, aber ich wusste nicht genau, wie man das schreibt, „gut aus", schrieb ich dann, obwohl ich fand, dass es nicht so gut passte.

„Ich hätte auch gerne mal ein Foto von dir",
las ich nun Svens Mail und bekam einen
ziemlichen Schrecken.
„Wieso", schrieb ich zurück. „Du hast doch
ein Foto von mir."
„Ich glaube nicht, dass du das auf dem Foto
bist", erwiderte Sven. „Du siehst anders aus,
und du heißt auch anders – stimmt's?"
Das fuhr mir direkt in den Magen. Was sollte
ich antworten? Wie kam er überhaupt darauf?
Unruhig stand ich auf und ging in meinem
Zimmer herum.
„Wolfslady, zeig mir endlich dein wahres
Gesicht", war nun auf dem Bildschirm zu
lesen. „Warum versteckst du dich vor mir –
hab doch keine Angst."
Ich verschränkte meine Arme hinter meinem
Kopf und starrte auf den Bildschirm. Dabei
gingen mir viele Gedanken durch den Kopf.
Was würde passieren, wenn ich ihm von mir
erzählte? Im Grunde nichts. Außer, dass er
mich vielleicht nicht so hübsch finden würde.
„Hast du Angst, dass ich dich nicht mag?",
schrieb er nun. Er schien wirklich Gedanken
lesen zu können. „Das musst du nicht. Du
bist so ein nettes Girl. Ich habe mich auch

schon so in dich verliebt. Und selbst, wenn du aussiehst wie der Bulle von Tölz, würde mich das nicht mehr davon abhalten, dich weiter zu lieben."

Das war jetzt doch wirklich ein bisschen zu dick aufgetragen, oder? Seit wann war er in mich verliebt und wieso? Wir kannten uns doch gar nicht weiter.

Andererseits lag er gar nicht so falsch. Ich hatte mich ja schließlich auch ein bisschen in ihn verliebt.

Aber andererseits – oder vielleicht doch nicht – oder doch – aber wenn – und wenn nicht …? Ich wusste nicht mehr, was ich denken sollte. Dass er plötzlich von Liebe sprach, brachte mich ziemlich durcheinander. Und dann machte ich ganz schnell, damit ich es mir nicht noch einmal anders überlegen konnte.

„Ich bin die andere auf dem Foto", schrieb ich. „Ich heiße Sarah Hoffmann und wohne in Bielefeld. Ich bin 16 Jahre alt."

Einen Moment lang zögerte ich.

„Bist du verrückt", sagte mir eine innere Stimme.

Doch ich wollte endlich einmal ehrlich sein. Fast ehrlich! Denn das mit den 16 Jahren war nun doch leider gelogen. Aber Sven sah so viel älter aus als ich, und ich hatte Angst, dass er eine 14-Jährige zu kindisch fand. Tack – machte mein Mittelfinger, und die Nachricht war abgeschickt.

Es dauerte keine 10 Sekunden, und dann war seine Antwort da.
„Sarah, was für ein schöner Name. Ich muss dir auch ganz ehrlich sagen, dass ich das andere Mädchen auf dem Foto immer viel schöner gefunden habe."
Ich weiß nicht mehr, was ich damals fühlte und dachte, als ich diese Antwort bekam.
Ich war ein bisschen misstrauisch, aber ich war auch glücklich. Es gab endlich jemanden, der mich mochte.
„Ich will alles über dich wissen", schrieb er. „Was machst du, wenn du aus der Schule kommst, was hast du an, und an wen denkst du, wenn du einsam im Bett liegst?"
Ich atmete tief durch. Das waren ja viele Fragen auf einmal.

„Ich spiele gerne Tischtennis, aber ich bin in keinem Verein. Und ich höre gerne Musik. Und was ich anhabe …, im Moment eine ganz normale Jeans und ein weißes T-Shirt."
Die letzte Frage über meine Träume ließ ich weg. Sie war mir zu privat.
„Ist das Shirt bauchfrei?", wollte er wissen.
„Ein bisschen", schrieb ich zurück.
Obwohl es auch nicht stimmte. Mein Bauch hatte einige Rollen. Nicht besonders sehenswert, fand ich. Darum trug ich diese engen bauchfreien Shirts überhaupt nicht gerne.
„Das finde ich unheimlich erotisch", schrieb er. „Du hast mir auch noch verschwiegen, wie deine Unterwäsche aussieht. Trägst du lieber Tangas oder Slips, sind sie weiß oder schwarz."
„Plong" machte es bei mir. War das vielleicht doch einer von diesen Kindergrabschern? Ich schaute mir sein Foto genauer an. Er sah mit einem Mal streng und ein bisschen böse aus. Oder bildete ich mir das nur ein?
„Meine Frage war voll daneben", schrieb er nun. „Entschuldigung – war nur ein Scherz. Ich bin nämlich Fan von großen Blümchen-

unterhosen mit Beinchen. Die turnen mich tierisch an."

Gott sei Dank nur ein Scherz. Ich war wirklich erleichtert. Jetzt merkte ich selbst, wie lieb ich diesen Sven schon hatte. Ich wäre irgendwie ziemlich traurig gewesen, wenn er zu diesen Internetgrabschern gehören würde.

„Du hast Glück", erwiderte ich. „Ich trage einen großen rosa Schlüpfer mit grünen Blümchen. An den Beinen ist eine kleine Spitze, die ich selbst gehäkelt habe."

„Wunderbar", schrieb er. „Du hast einen köstlichen Humor. Wenn es dich interessiert – ich gehöre zu den Männern, die für gerippte lange weiße Unterhosen schwärmen."

„Mit Schlitz?", fragte ich, und als ich die Mail abschickte, merkte ich, dass das Thema sich ein wenig in die falsche Richtung entwickelte. Aber daran war ich diesmal selbst schuld.

„Natürlich mit Schlitz", erwiderte er. „Zum Reingreifen."

Es war Zeit, das Thema zu wechseln.

Gott sei Dank tat er es selbst.

„Ich möchte dich so gerne kennenlernen", schrieb er. „Magst du dich mit mir treffen?

Wir können uns in einem Café treffen oder durch den Oetker-Park gehen."
Das hörte sich wirklich ungefährlich an.
Im Oetker-Park liefen Tausende von Menschen herum.
„Ich würde dich auch gerne treffen", erwiderte ich.

6.

Himmel, war ich aufgeregt. Wir hatten uns um 15 Uhr am Brunnen verabredet. Aber was zog man zu so einem Date an?
Ich entschied mich für meinen kurzen Jeansrock und das lila T-Shirt. Das war zwar kurz, aber meine Speckrollen konnte man nicht sehen. Nun noch die weißen Sportschuhe, ein paar Ketten, ein paar Ringe, die langen flippigen Ohrringe mit dem Mond und den kleinen schwarzen Rucksack, und dann nichts wie los.
Der Oetker-Park ist nicht besonders weit von uns entfernt. Ich ging zu Fuß.
Natürlich war ich zu früh. Ich gehöre zu den Menschen, die immer zu früh sind. Ich setzte mich auf den Brunnenrand und schaute auf die Straße. Gegen drei Uhr sah ich einen silbernen Sportwagen, und ein Typ stieg aus. Groß, gute Figur, strenges Gesicht, steile Falte auf der Stirn – das war er. Er ging durch den Park und direkt auf mich zu. Dann gab er mir die Hand.
„Sarah." Er hielt meine Hand ein bisschen zu lange in seiner, legte dann seine andere

Hand auch noch darauf. Seine Finger waren lang und warm.
„Ich freue mich so."
„Ich mich auch."
Ehrlich gesagt fühlte ich mich ein bisschen unwohl. Ich kam mir so kindisch neben diesem erwachsenen Mann vor. Er trug eine schwarze Jeans und ein buntes, unauffällig gemustertes Hemd. Die oberen drei Knöpfe waren lässig geöffnet, und man sah eine schwarze Lederkette mit einem kleinen Sägefischzahn.

„Ich habe im Halteverbot geparkt. Hast du Lust, ein Stück mit mir rauszufahren?"
Das war nicht abgesprochen. Ich hatte, ehrlich gesagt, gedacht, wir gingen ein bisschen zwischen den Menschenmassen im Park spazieren.
Aber so schnell, wie sich meine Bedenken meldeten, vergaß ich sie auch wieder. Der Typ war superfreundlich und echt gut aussehend. Warum sollte ich nicht mit ihm fahren?
„Gerne", sagte ich.

Ehe ich mich versah, fand ich mich in diesem schicken Sportwagen wieder. Lässig ließ er das Verdeck runter. Der Fahrtwind pustete uns durch die Haare.

Ich muss gestehen, ich bin noch nie in einem Sportwagen gefahren. Meine Eltern fahren einen alten Passat, die Eltern von Rebecca haben einen Toyota und die Eltern von Alessandro einen Lieferwagen mit der Aufschrift „Pizza-Service".

Dies hier aber war ein supertolles Fahrgefühl.

„Kennst du das Ausflugslokal ‚Noahs Waldcafé'?"

„Nie gehört."

„Dann wird es Zeit."

Er blinkte und brauste auf die Stadtautobahn, von da weiter auf die A 2.

Sven gehörte zu den Autofahrern, die nur links fahren. Mein Vater regt sich immer tierisch über diese Typen auf. „Prolls", sagt er immer dazu.

Aber ehrlich gesagt, ich fand es irgendwie cool, dass die Autos vor uns alle Platz machten. Wir redeten nicht. Ich schloss hin und wieder die Augen. Das schien er zu merken, denn er lächelte zu mir hinüber.

„Gefällt es dir?"
„Und ob."
Irgendwann irgendwo bogen wir ab. Es ging eine Landstraße entlang durch den Wald, und dann sah ich das Waldcafé auch schon da liegen. Es war ein romantisches kleines Fachwerkhaus.
„Komm", sagte er. „Lass uns einen Kaffee trinken."
Ehrlich gesagt graust es mir vor Kaffee.
Ich mag allenfalls Tee. Aber ich dachte:
Sei nicht kindisch. Erwachsene trinken Kaffee.
Ich bestellte Cappuccino und schaufelte einen Berg Zucker hinein.
Gerade wollte ich trinken, da nahm er plötzlich meine Hand von der Tasse fort und legte sie in seine.
„Jetzt lass dich doch einmal anschauen", sagte er und sah mir direkt in die Augen.
„Du hast wunderschöne Augen", fuhr er fort.
„Überhaupt siehst du noch viel schöner aus als auf dem Foto."
Das machte mich total verlegen. Gleichzeitig klopfte mein Herz so schrecklich, dass ich mich kaum konzentrieren konnte.

Langsam, ganz langsam führte er meine Hand zu seinen Lippen und küsste sie. Dabei sah er mich weiter an.

„Wir haben gar nicht darüber gesprochen", sagte er nun mit weicher Stimme. „Hast du eigentlich einen Freund?"

Und wieder berührten seine Lippen vorsichtig meine Finger.

„Nee, nein, nein", beeilte ich mich zu sagen. „Das habe ich doch schon erzählt. Ich bin zurzeit ziemlich alleine. Alle meine Freundinnen haben einen und für mich …", ich kicherte ein bisschen verlegen, „ist keiner mehr da."

„Ich würde gerne mit dir zusammen sein", sagte Sven weiter mit dieser weichen Stimme. „Magst du auch?"

Oh Gott! Du glaubst nicht, wie mir zu Mute war. Noch nie im Leben hatte sich jemand für mich interessiert. Ich war immer die kleine, dicke Sarah. Jemand, den man Erdnuss nennen konnte. Jemand, der keinen Ball in den Basketballkorb werfen konnte.

Jemand, bei dem man seine Sorgen abladen konnte. Aber mehr auch nicht!

Und nun saß hier dieser wahnsinnig gut aussehende Typ. Ein Sportwagenfahrer mit

tollen Klamotten und superguten Manieren.
Und er fragte mich einfach so, ob ich mit ihm
gehen wollte.
Ich war echt fertig mit der Welt und konnte
kaum sprechen.
„Klar, klar doch", stotterte ich. „Natürlich will
ich das."
Er lächelte. Seine andere Hand kam jetzt
über den Tisch. Er streichelte mein Gesicht
mit seinem Zeigefinger. Unablässig sah er
mich dabei an.
„Komm", sagte er. „Lass uns ein bisschen
alleine sein, ja?"
„Das will ich auch", platzte ich heraus.
Er winkte dem Kellner zu.
„Wir wollen gerne bezahlen."
Der Kellner nickte und rechnete ab.
Der Cappuccino war nicht besonders billig.
Aber Sven setzte noch ein dickes Trinkgeld
obendrauf. Ich hatte noch nicht einmal ausgetrunken, als wir nach draußen gingen.
Jetzt hielten wir uns eng umschlungen.
Und dann, auf dem Weg zu seinem Auto,
drehte mich Sven zu sich und küsste mich.
Es war mein erster Kuss, sieht man mal von
dem Kuss ab, den ich Mehmet Özgür auf der

Fete am Ende der Grundschulklasse gegeben hatte.

Dieser Kuss aber war ein anderes Kaliber. Ein richtiger langer Zungenkuss, wie ich es aus dem Fernsehen und von den Knutschereien zwischen Dennis und Tina kannte.

Sven hörte nicht auf, mich zu küssen. Seine Zunge strich durch meinen Mund, streichelte überall.

Hilfe, ich war nah daran, umzufallen. Meine Knie waren butterweich, und ich zitterte.

„Sarah", flüsterte er jetzt. „Kleine Sarah, was ist? Zitterst du?"

Ich öffnete die Augen und sah ihn an. Seine Augen waren wachsam auf mich gerichtet.

„Kann sein", murmelte ich. „Ich bin etwas weich in den Knien."

„Komm, wir setzen uns in mein Auto", schlug er vor.

Das war natürlich etwas leichtsinnig. Gleichzeitig war es aber auch meine letzte Rettung. Ich hatte nämlich Angst, auf der Stelle in den Waldboden zu versinken.

Wir stiegen ein. Er wartete kaum ab, bis ich die Tür geschlossen hatte. Dann küsste er mich wieder und wieder. Ich ließ mich in das

Lederpolster sinken und genoss nur noch.
Seine Hände glitten über mein Gesicht und
verknoteten sich in meinen Haaren.
„Ich liebe dich", sagte er.
„Ich dich auch", murmelte ich.
Irgendwann waren plötzlich Stimmen zu
hören. Andere Cafébesucher gingen über den
Parkplatz. Sie warfen einen irritierten Blick in
unseren Wagen.
„Huch, sind die verliebt", spottete ein Mann.
Sven verdrehte die Augen und wartete, bis sie
weggefahren waren.

„Wollen wir woanders hinfahren?", fragte er.
„Ich kenne eine Stelle, die ein bisschen
einsamer ist."
Sofort leuchtete bei mir meine innere
Warnblinkanlage rot auf.
„Ich weiß nicht", sagte ich. „Lieber nicht."
Sven lachte. „Immer noch ängstlich? Sarah,
hab doch Vertrauen zu mir. Ich mache nur
solche Sachen, die du auch willst. Das
verspreche ich dir."
Was soll man dazu sagen? Was hättest
du gesagt?

Ich war wahnsinnig verliebt. Richtig überwältigt.
„Na gut", sagte ich und dachte an mein Handy
in der Hosentasche. Wenn es hart auf hart
kam, konnte ich immer noch Rebecca anrufen.
Sven ließ den Motor an und gab Gas. Er fuhr
jetzt vorsichtiger, denn er hatte nur eine Hand
am Lenkrad, und die Straße war kurvig. Die
andere Hand lag in meiner.
Irgendwann bog er auf einen schmalen
Feldweg ab. Zuerst hatte ich ein bisschen
Angst, aber es passierte nichts anderes als
eben auf dem Parkplatz.
Wir küssten uns und schmusten miteinander.
Hin und wieder redeten wir über alte Freund-
schaften. Sven erzählte mir von seiner Freun-
din, die mit seinem Freund abgezogen war.
Ich berichtete noch einmal von Andrej.
Dann küssten wir uns wieder und wieder.
Nur einmal glitt seine Hand kurz über meinen
Körper. Über meinen Busen und meinen
Bauch. Aber das fand ich sogar wunder-
schön.
Als die Hand dann auf meinem Bein liegen
blieb und versuchte, unter meinen Rock zu
kriechen, hielt ich ihn fest.
„Nein", sagte ich. „Das will ich nicht."

Er grinste.

„Ich wollte doch nur einmal fühlen, ob du die rosa Spitzenunterhose anhast."

Und dann bedrängte er mich auch wirklich nicht mehr. Für mich war das ein echtes Zeichen dafür, dass ich ihm vertrauen konnte.

7.

Als ich nach Hause kam, war ich total überdreht und völlig durcheinander.
Dennis saß allein in der Küche und hatte Pizza gemacht.
„Magst du auch eine?"
„Nein danke."
„Wer war der Typ mit dem silbernen Porsche, der dich eben so abgelutscht hat?"
„Wüsste nicht, was dich das angeht."
Ich hatte keinen Bock auf Dennis und seine blöden Sprüche.
„Ich habe dich schon seit Tagen nicht mehr gesehen", sagte Dennis und meinte, plötzlich den Oberpapa rauskehren zu müssen. „Was machst du eigentlich den ganzen Tag?"
„Ich höre zu, wie dein Bett quietscht", sagte ich. „Und ich kann nur hoffen, dass du alt genug bist, gut zu verhüten."
Genial, nicht? Ich bin nicht immer so schlagfertig. Aber jetzt war ich richtig stolz auf mich. Dennis wurde tatsächlich ein bisschen rot.
„Spiel hier bloß nicht mein Kindermädchen", brummte er.
„Gleichfalls", gab ich zurück.

Und dann ließ ich ihn einfach in der Küche sitzen. Ich hatte sowieso keinen Hunger.
Dazu war ich viel zu durcheinander.
Also ging ich in mein Zimmer und warf den Compi an.
Sven war schon wieder online. Ich klickte mich ebenfalls ins ICQ.
„Hi Sarah, mein Schatz. Ich denke die ganze Zeit an dich", war seine Mail zu lesen.
„Ich will dich wiedersehen, so schnell wie möglich. Wann hast du wieder Zeit?"

Und so musste ich nur eine Nacht und einen Tag ohne Sven aushalten. Dann trafen wir uns wieder. Diesmal holte mich Sven abends von zu Hause ab.
Dennis und Tina hingen vor dem Fernseher. Sie wirkten wie ein altes Ehepaar.
„Ich bin weg", sagte ich kurz.
Dann zog ich die Tür hinter mir zu, bevor Dennis einen seiner blöden Sprüche loswerden konnte.
Sven nickte mir zu, als ich ins Auto stieg. Dann gab er wortlos Gas.

Wir fuhren wieder in dieses Waldcafé, dieses Mal auf einen Cocktail.

Ich habe es nicht so mit Alkohol, und außer einem Glas Sekt habe ich noch nie groß Alkohol getrunken. Jetzt neben Sven war es selbstverständlich.

Ich wusste gar nicht, dass Cocktails so klasse schmecken. Richtig fruchtig. Und den Alkohol merkte man kaum.

Erst als ich mit Sven zum Auto ging, fühlte ich mich ein bisschen beschwipst. Aber das war eigentlich ganz lustig.

Ich kicherte immer wieder, und ich ließ es auch zu, dass Sven mich heftiger umarmte als gestern. Seine eine Hand lag jetzt ruhig auf meinem nackten Oberschenkel. Und ehrlich gesagt fand ich das ziemlich prickelig.

„Sarah", flüsterte Sven mir zu. „Ich möchte gerne mit dir zusammen sein. Viel näher als jetzt."

„Ich auch", sagte ich.

„Magst du mit zu mir kommen?", fragte Sven, und seine Stimme hatte einen unheimlich weichen Klang. „Ich habe eine Überraschung für dich vorbereitet."

Das fand ich einfach zu lieb.

„Klar", sagte ich. Mehr kriegte ich kaum heraus, weil seine Lippen immer wieder auf meinen lagen.

„Ich fahre dich an einen Ort, der wie ein Märchen ist", murmelte Sven zwischen den Küssen. „Du wirst staunen."

Um mich drehte sich alles. Mein Körper war wie elektrisiert. Ich wollte nur noch mit Sven zusammen sein.

„Fahr los!", flüsterte ich. Sven lächelte.

„Es ist eine Überraschung. Darum werde ich dir die Augen verbinden, mein Schatz. Das ist doch in Ordnung, oder?"

„Die Augen verbinden?" Das war mir ein bisschen unheimlich.

„Sonst ist es ja keine Überraschung mehr", lächelte Sven und küsste mich wieder. „Und es soll dein Geburtstagsgeschenk werden."

Dann griff er nach hinten, nahm ein Tuch und band es mir um die Augen. Und ich ließ es widerstandslos geschehen.

Du fasst dich wahrscheinlich jetzt an den Kopf und schreist.

Merkt die denn gar nichts, wirst du dich fragen.

Wenn ich ehrlich bin – nein, zu dem Zeitpunkt war ich völlig willenlos. Der Alkohol hatte mich betäubt. Svens weiche Stimme, seine liebevollen Hände und seine zärtlichen Küsse hatten mich benebelt.

Ich fragte mich zu keiner Zeit: Warum hat er denn ein Tuch auf dem Rücksitz? Ich fragte auch nicht: Wie kann man als Zivi so viel Geld für einen Sportwagen haben? Oder: Wie kommt es, dass er immer online ist, wo er doch eigentlich arbeitet?

Ich war so schrecklich verliebt und so wahnsinnig glücklich. Liebe macht blind, glaub es mir.

So ließ ich mich von ihm durch die Dunkelheit fahren. Die Musik lief. Svens Hand lag in meiner. Ich ließ alles geschehen. Ließ mich ein langes Stück durch Straßen und Kurven tragen. Und wartete voller Freude und Spannung auf den Moment, an dem der Wagen hielt.

Sven nahm mir das Tuch von den Augen. Wieder waren wir an einer breiten Straße in einem Waldstück. Vor uns lag wieder ein älteres Haus, das ähnlich wie das Gasthaus aussah.
„Wir sind da", sagte Sven.
Ich blinzelte benommen.
„Wo sind wir?"
„Hier bin ich zu Hause", sagte Sven.
Er öffnete die Haustür. Das Haus war kühl und dunkel. Mir war plötzlich ein bisschen unheimlich zu Mute.
„Komm", sagte Sven. „Lass uns in das Zimmer unter dem Dach gehen. Da ist es am schönsten."
Er machte Licht und führte mich die Treppe hinauf. Das Zimmer, das er nun öffnete, war wirklich schön. Es war mit weißen flauschigen Teppichen ausgestattet. Ein großes Bett stand mitten im Raum.
Sven ging zur Fensterbank und zündete verschiedene kleine Teelichter an.
„Mach es dir gemütlich", sagte er und deutete auf das Bett. „Ich mache uns noch einen Drink, ja?"
Ich hatte plötzlich Angst.

Natürlich kapierte ich auch, was Sven geplant hatte. So doof bin ich schließlich auch nicht.
„Sven", sagte ich. „Wahrscheinlich willst du mit mir schlafen, oder? Sei mir nicht böse, ich möchte das noch nicht. Ich kenne dich doch noch gar nicht richtig und …"
Sven gab Eis in zwei Gläser und füllte eine Flüssigkeit dazu.
„Schatz", sagte er. „Du musst keine Angst haben. Ich werde nichts tun, was du nicht möchtest."
Und er reichte mir das Glas.
Dann sah er nach draußen.
„Ach", sagte er dann. „Ich habe noch etwas im Auto vergessen. Eine Überraschung für dich." Und er lächelte mir zu. „Bin gleich wieder da."
Danach verließ er das Zimmer. Ich setzte mich auf das Bett und roch an dem Drink. Er roch eklig nach Alkohol. Angewidert stand ich auf und stellte den Drink auf die Fensterbank zurück. Ich wollte mich nicht betrinken, wenn ich mit Sven zusammen war. Das wollte ich lieber so genießen.
Draußen fuhr ein Auto vor. In der Dunkelheit leuchteten zwei Scheinwerfer. Jetzt hatte

Sven die Außenbeleuchtung des Hauses angeschaltet und ging dem Auto entgegen. Wahrscheinlich war ein Besucher gekommen. Das erleichterte mich. Denn irgendwie hatte ich plötzlich ein bisschen Angst, mit Sven alleine zu sein. Der Drink, das Haus, das Tuch – das erschien mir alles wie ein professionelles Spiel.
„Unsinn", sagte ich mir immer wieder.
„Das bildest du dir nur ein."
Jetzt sah ich, wie Sven dem Mann entgegenging. Der schaltete seine Scheinwerfer aus und stieg aus dem Auto aus. Sven und er redeten miteinander.
Dieser Mann kam mir irgendwie bekannt vor. Lockige Haare, rundes Gesicht, Halbglatze. Woher kenne ich ihn bloß, dachte ich immer wieder. Spielt er in einer Band mit? Oder gibt es einen Schauspieler, der ihm ähnlich sieht? Dann aber fiel bei mir der Groschen. Ich kriegte so einen großen Schrecken, dass ich Mühe hatte, zu atmen. Kein Zweifel! Dieser Mann war der Typ, der Rebecca belästigt hatte.
„Ruhig, ruhig", dachte ich mir. „Das kann doch nicht sein. Was soll der hier machen?"

Ich zwang mich, langsam zu atmen. Dann sah ich noch einmal ganz genau hin. Wirklich und wahrhaftig. Er war es! Ich hatte mir damals sein Gesicht genau eingeprägt.
Ich überlegte, das Fenster zu öffnen.
„Sven, sei vorsichtig mit dem Typen", wollte ich eigentlich rufen. „Das ist der Typ, der meine Freundin belästigt hat."
Dann aber sah ich etwas, das mir das Blut in den Adern gefrieren ließ. Der Unbekannte reichte Sven etwas, das aussah wie ein paar Geldscheine. Danach schüttelte ihm Sven die Hand und lachte.
Meine Angst wurde immer größer. Irgendwas roch hier oberfaul. Warum hatte Sven Geld bekommen? Was hatten sie für ein Geschäft abgeschlossen?
Irgendwie geriet ich plötzlich in Panik. Ich hatte das Gefühl, ich könnte das Geschäft sein, das sie abschlossen.
„Sarah, Sarah, bleib cool", sagte ich mir immer wieder. „Sven liebt dich. Es gibt eine Erklärung für das, was da unten passiert. Sven hat für den Typen eine Arbeit erledigt und bekommt sein Geld. Oder der Bekannte schuldet ihm noch etwas. Jedenfalls hat es

garantiert nichts mit dir zu tun. Tu dich nicht so wichtig. Du hast einfach zu oft ‚Tatort' gesehen."

Ich trank einen kleinen Schluck von dem Alkohol. Er schmeckte scheußlich, aber irgendwie ging es mir damit besser. Danach stand ich auf. Ich wollte Sven entgegengehen und dem Unbekannten hallo sagen. Das würde mir die Angst bestimmt nehmen.

Leise ging ich zur Tür und öffnete sie. Genau genommen – ich wollte sie öffnen. Aber es ging nicht. Die Tür war abgeschlossen.
„Du bist gefangen!", dröhnte es in meinem Kopf. „Sie halten dich hier fest, damit sie ein leichteres Spiel haben."
Der Schreck fuhr mir so in die Glieder, dass ich wie erstarrt an der Tür stehen blieb und nach Luft schnappte. Mein Leben lief wie ein Film an mir vorbei. Ich habe ja schon gesagt, dass ich in Schreckensmomenten besonders klar denken kann. Und in diesen Sekunden, die ich bewegungslos an der Tür stand, fiel

bei mir sozusagen der Groschen. Er fiel wie
eine Lawine.
Sven war der Köder für diesen Typen.
Und weil ich ihm zuerst Rebeccas Adresse
gegeben hatte, hatte sich dieser eklige
Unbekannte an Rebecca rangemacht und sie
belästigt. Die arme Rebecca. Beinahe wäre
sie durch mich in eine große Gefahr geraten.
Aber jetzt saß ich in der Falle wie ein
Mammut in der Fallgrube.
Sven hatte mich an einen Ort gebracht,
der irgendwo lag. Ich kannte mich hier nicht
aus, wusste nicht, wo ich war, und würde
diesen Ort auch später nicht wiederfinden.
Jetzt wurde ich an den Typen weiterverkauft.
Weiß der Geier, was er mit mir machen wollte.
Sicherlich nicht Händchen halten.
„Beruhige dich", sagte meine andere Stimme
immer noch. „Das würde Sven nicht tun.
Er liebt dich doch."
Aber genau das machte mich doppelt und
dreifach verzweifelt. Sven war nicht im Traum
in mich verliebt. Er hatte mich nur eingewickelt,
damit er mit mir Geschäfte machen konnte.
Eigentlich hätte ich gerne geweint. Aber dazu
war keine Zeit.

Schnell zog ich mein Handy aus der Tasche.
„Bin in großer Gefahr", schrieb ich. „Ein Typ hält mich in einem Haus im Wald gefangen."
Dann schickte ich die SMS an Alessandro.
Kling-klong, machte mein Handy, und dann kam die Nachricht: „Senden zurzeit nicht möglich. Nachricht wird zu einem späteren Zeitpunkt gesendet."
Natürlich! In dieser Einsamkeit hatte man keinen Handyempfang.
Es war einfach nur zum Heulen.
Ich stürzte zum Fenster und spähte durch die Scheibe. Sven und der Unbekannte gingen nun auf das Haus zu. Das Geschäft schien besiegelt.
Kreuz und quer schossen die Gedanken durch meinen Kopf. Ich musste fliehen.
Aber wie?
Ich öffnete das Dachflächenfenster. Vielleicht erinnerst du dich, dass ich wahnsinnig unsportlich bin. Aber die Angst verleiht einem in so einem Moment ungeheure Fähigkeiten.
Ich kletterte auf einen Stuhl und stieg dann mit zitternden Beinen aus dem Fenster. Was

dann passierte, kann ich selbst kaum fassen.
Ich war jedenfalls ganz ruhig und konzentriert.
Auch mein Schwips war wie weggeblasen.
Ich weiß noch jeden Schritt, den ich danach
tat. Ruhig schloss ich das Dachfenster von
außen. Dann kletterte ich langsam und vorsichtig über das Dach. Leise und konzentriert
setzte ich einen Schritt neben den anderen,
als wenn ich jahrelang nichts anderes getan
hätte. Wie ein Dachdecker.
Am Ende des Daches stand ein Baum an der
Hauswand. Eine Haselnuss oder eine Buche
oder so was. Er war ein kleines Stück von der
Hauswand entfernt, und die Äste sahen eher
zart aus. Aber er war meine einzige Chance.
Hinter mir öffnete sich das Dachfenster.
„Verdammt! Da ist sie. Sie haut ab!", hörte ich
Svens Stimme hinter mir.
„Sarah!", schrie er dann. „Wo willst du denn
hin? Warte doch! Bleib hier, verdammt!"
Meine Angst wurde jetzt wahnsinnig groß.
Svens Stimme hatte sich verändert. Sie klang
wie ein harter Befehl.
Ich zögerte keine Sekunde mehr.
Ein Satz, und ich stürzte auf den Baum zu.
Meine Arme und Beine verfingen sich in den

Ästen. Ich griff zu, hielt mich irgendwo fest.
Meine Beine kratzten am Stamm entlang.
Ich achtete nicht auf den Schmerz. So schnell ich konnte, ließ ich mich tiefer und tiefer fallen.
Da waren die Männer schon an der Haustür.
„Hier ist sie! An dem Baum!", schrie der Unbekannte.
Ich ließ mich ins Gras fallen. Knickte um.
Mein Fuß tat schrecklich weh. Aber ich konnte laufen. Und das tat ich auch.
Ich rannte um mein Leben. Die beiden Männer dicht hinter mir.
Eigentlich hatte ich keine Chance. Ich bin unsportlich und im Laufen genauso eine Niete wie im Basketballspielen. Aber ich hatte ein riesiges Glück. Eine Tannenschonung tauchte vor mir auf. Ich rannte mitten in die kleinen stechenden Tannenbäume hinein, weiter und immer weiter. Mit einer Hand vor den Augen schützte ich mich davor, dass mir die Tannen ins Gesicht stachen. Dann lief ich genau dort hin, wo die Schonung am dichtesten war.
Ich hörte, wie die beiden Männer kamen.
Sie hatten jetzt Taschenlampen dabei.

„Scheiße!", rief Sven. „Sie kann nicht weit weg sein. Ich wette, sie sitzt mitten in der Tannenschonung."

„Ich gehe mal hier lang", brüllte der andere Mann. „Geh du andersrum."

Ich zitterte so schrecklich, dass ich kaum noch laufen konnte. Fliehen hatte jetzt keinen Zweck mehr.

8.

Immer noch war mein Verstand glasklar. Ich sah an mir herunter. Mein rosa T-Shirt konnte mich vielleicht im Licht der Taschenlampe verraten. Also zog ich es aus und stopfte es unter meinen dunkelblauen Rock. Mein schwarzer BH und meine weiß-braune Haut waren da unauffälliger.

Danach legte ich einen großen Tannenzweig über meinen Kopf und baute kleinere Zweige um mich herum. Jetzt machte ich mich ganz klein. Dann bewegte ich mich nicht mehr. Näher und näher kamen die Lichtscheine der Taschenlampen.

„Verdammt. Das kann doch nicht wahr sein. Wo ist sie denn?"

„Weit kann sie jedenfalls nicht sein. Sie versteckt sich hier irgendwo."

„Die kann was erleben, wenn ich sie erwische."

Ich war so ruhig, dass ich nicht einmal zitterte. Bewegungslos verharrte ich zwischen den Tannenzweigen. Hin und wieder spürte ich ein Kitzeln auf meiner Haut, als wenn eine

Spinne über meinen Rücken kroch. Aber ich rührte mich nicht.

Auch als eine Taschenlampe direkt in mein Versteck leuchtete und der Unbekannte „Ich glaube, ich habe sie!", rief, bewegte ich mich nicht.

Ganz ruhig saß ich da, und ich weiß noch, dass ich dachte, Scheiße! Pech gehabt!
Das hast du von deiner Gutgläubigkeit.
Aber weil ich mich nicht rührte, rief er irgendwann: „Nee, doch nicht", und die Lampe entfernte sich wieder.

Und dann, als die Männer schon ein ganzes Stück von mir entfernt waren, piepste mein Handy plötzlich. Die Nachricht an Alessandro war gesendet worden.

„He!", brüllte Sven. „Hast du das gehört? Sie ist noch da!"

Jetzt kam Leben in mich. Ich sprang aus meinem Versteck und begann, zu rennen. Tannenzweige schlugen mir ins Gesicht. Mehrmals knickte ich um. Aber ich zeigte mich als wahrer Sprinter.

Ich hörte die Männer hinter mir. Aber sie schafften es nicht, mich einzuholen. Ich lief um mein Leben. Durch Pfützen, über Zweige

und durch den Wald hindurch. Dabei hielt ich mein T-Shirt fest in der Hand.
Wenn mich jemand so gesehen hätte, hätte er mich sofort in die Klapse gebracht. Aber es sah mich niemand.
So lief ich stundenlang kreuz und quer. Ich konnte nicht mehr sagen, welche Richtung ich nahm. Ich wusste auch nicht, ob es logisch war, was ich da machte, oder ob ich vielleicht sogar im Kreis lief. Ich rannte einfach nur vorwärts. Es war der längste Marathon meines Lebens.

Erst Stunden später, als ich mein T-Shirt längst wieder anhatte und der Tag langsam anbrach, traf ich die erste Gestalt. Ein Junge, der mit seinem Hund unterwegs war. Er war ungefähr so alt wie ich.
Der Hund entdeckte mich als Erstes und rannte Schwanz wedelnd auf mich zu.
„Sammy. Hierher!", rief der Junge und schnippte mit der Hand. Aber Sammy fand mich interessanter.
„Ich habe keine Angst vor Hunden", sagte ich.

(Vor Hunden nicht, dachte ich dabei.)
Dann ließ ich es zu, dass Sammy an mir schnüffelte.
„Kannst du mir sagen, wo ich hier bin?"
„In Brenkenberg." Der Typ sah mich jetzt aufmerksam an.
„Nie gehört. Und weißt du, wie ich von hier wieder wegkomme?"
„Wo willst du denn hin?"
„Nach Bielefeld."
„Bielefeld?" Der Typ lachte verwundert. „Das ist ganz schön weit. Du musst erst einen Bus nehmen. Der fährt dort hinten an der Straße ab. Er kommt aber nur jede Stunde."
„Oh Scheiße."
„Mit dem Bus fährst du am besten bis Detmold Bahnhof. Dann nimmst du die Bahn nach Bielefeld."
Ich nickte. Aber mir war ziemlich zum Heulen zu Mute.
Eine Reihe von Problemen taten sich wieder einmal auf.
Dort, wo die Straße verlaufen könnte, konnte auch das Haus stehen, in dem ich am Abend vorher gefangen gewesen war. Und dahin wollte ich auf keinen Fall.

Außerdem hatte ich meinen Rucksack mit meinem Portmonee noch immer in diesem Zimmer liegen. Und ohne Geld kam man bus- oder bahnmäßig nicht besonders weit. Trotzdem war ich so froh über diesen Typen, dass ich ihm nicht mehr von der Pelle wich. Genau genommen ging ich neben ihm und seinem Hund her. Der Typ schien das ein bisschen merkwürdig zu finden. Das kann ich verstehen. Aber es war mir egal.
Wir kamen an einer Wegkreuzung an.
Der Junge zeigte auf einen Weg.
„Ich muss jetzt hier lang."
„Ich auch!"
Wieder starrte er mich verwundert an.
Ich entschied mich, ihn um Hilfe zu bitten.
„Hör zu!", sagte ich. „Ich bin leider in ziemlicher Not. Jemand hat mich gestern hier rausgelassen und ich … ich …"
Ich wusste nicht, wie ich ihn überreden konnte, mir zu helfen. Er sah ziemlich genervt aus. Verstand ich auch total.
Er wollte einfach eine Runde mit seinem Hund drehen und hatte gleich ein seltsames Girl an den Fersen, das ziemlich fertig aussah.

Plötzlich liefen mir die Tränen. Das machte die Sache echt noch peinlicher. Der Typ jedenfalls starrte auf seine Schuhe und wünschte mich wahrscheinlich dahin, wo der Pfeffer wächst.

„Es hört sich wahrscheinlich ganz albern an", begann ich erneut. „Aber ich war in einer großen Gefahr. Darum traue ich mich auch nicht so alleine durch den Wald. Und darum will ich auch nicht bis an die Straße gehen und da stundenlang auf den Bus warten."

Der Typ sah immer noch auf seine Füße.

„Ich hab ein Mofa", sagte er. „Wenn du willst, bringe ich dich zum Bahnhof."

Hast du je an Engel geglaubt? Dieser Typ war wahrscheinlich einer. In seiner ruhigen Verschwiegenheit nahm er mich mit zu einer kleinen Häusersiedlung, die plötzlich hinter dem Wald auftauchte.

„Ich bring mal gerade Sammy rein und gebe ihm was zu fressen", sagte er. „Dann kann ich dich wegbringen."

„Warte mal!", rief ich, als er gerade ins Haus gehen wollte. „Ich habe übrigens auch kein Geld. Aber wenn du mir was leihst, gebe ich es dir garantiert …"

„Auch das noch", brummte der Junge.
Er war echt ein netter Typ. Auf seinem Mofa fuhren wir zum Bahnhof, er kaufte mir eine Fahrkarte und wartete auch noch, bis der Zug kam.
Ich notierte mir seinen Namen und seine Adresse, damit ich ihm das Geld zurückschicken konnte. Aber ich konnte ihm schon ansehen, dass er nicht daran glaubte, dass er es zurückkriegte.
„Ich weiß, du glaubst mir ziemlich wenig", sagte ich zu ihm. „Aber du hast mir wirklich das Leben gerettet."
„Ist schon okay", brummte er.

Als ich nach Hause kam, war alles wie immer. Dennis hing mit Tina in seinem Zimmer herum. In der Küche war Chaos, und der Fernseher lief, ohne dass jemand guckte.
Ich ging bei Alessandro vorbei.
„Alex, hi. Sag mal, hast du dir keine Sorgen um mich gemacht?"
„Sorgen? Warum?"
„Wegen der SMS."

„Au, verflucht, wo ist eigentlich mein Handy!", rief Alessandro. Dann schaute er im Flur in seine Schultasche. Hier lag es schon seit zwei Tagen: Meine SMS war nicht gelesen worden. Da hätte ich ja locker vergewaltigt und ermordet werden können.
„Bin in großer Gefahr", las Alex nun mit großen Augen. „Ein Typ hält mich in einem Haus im Wald gefangen."
Er starrte mich an. „Das stimmt doch nicht, oder? Oder, Sarah? Was?"
Alessandros Augen wurden immer größer. Er spürte, dass mir etwas Schlimmes passiert war.
„Bitte erzähl doch!", bat er.
Und dann erzählte ich ihm alles. Dabei war ich ganz ruhig. So, als würde ich von einem spannenden Kinofilm erzählen. Manchmal sprang ich auch auf und ging im Zimmer auf und ab. Es war eigentlich alles so schrecklich, dass ich es selbst gar nicht so richtig kapierte. Ich hatte so große Angst gehabt. Und ich war verraten worden. Und ich hatte meinen Freund verloren.
Alessandro sagte eine ganze Weile lang nichts.

„Du solltest sie anzeigen", meinte er dann.
Aber hätte ich wirklich zur Polizei gehen
sollen? Klar, die Typen hätten Jahre Knast
verdient.
Aber was hätte es mir gebracht? Die Polizei
hätte mich lange befragt. Die Täter hätten
alles abgestritten. Und ich hätte um mein
Recht kämpfen müssen. Das kann ich nicht
so gut. Ich bin eben ein Typ, der schnell
nachgibt und der sich nicht gerne streitet.
Aber was bei allem noch viel schlimmer wäre:
Meine Eltern hätten alles erfahren.
Und wie ich sie kenne, hätten sie mir und
natürlich auch sich selbst furchtbare Vorwürfe
gemacht.
Und vielleicht wäre ich zuletzt noch in die
Bildzeitung gekommen. Mit einer fetten
Schlagzeile: „Die Sehnsucht nach Liebe
brachte ihr fast den Tod", oder so ähnlich.
Und das hätte mir dann den Rest gegeben.
So zeigte ich sie nicht an.

Vor ein paar Tagen war ich mal wieder
chatten. Ich nannte mich Pussycat und hatte
sofort ein paar Typen am Hals.

„Pussycat, komm mit mir in den Privatchat", schrieb ein Typ, der sich Heinrich der Seefahrer nannte.
Da habe ich den Chat für immer verlassen.

Und so gehts weiter ...

Annette Weber

K.L.A.R.

Im Chat war er noch so süß
– die Fortsetzung!

Vorwort

„Liebe Frau Weber,

mir hat das Buch ‚Im Chat war er noch so süß!' unheimlich gut gefallen, aber mit dem Ende bin ich nicht einverstanden. Warum hat Sarah die Männer nicht angezeigt? Was ist aus dem Jungen geworden? Ich finde, es müsste eine Fortsetzung von diesem Buch geben."

Solche und ähnliche Briefe bekam ich fast jede Woche. Bis ich schließlich beschlossen habe, eine Fortsetzung zu dem Roman zu schreiben und darin alle offenen Fragen zu klären.
Und diesen zweiten Teil habe ich richtig gerne geschrieben.
In diesem Buch trifft Sarah also den Jungen wieder, der ihr damals geholfen hat. Aber sie trifft noch andere Menschen wieder, die sie längst vergessen hatte und vergessen wollte.

Ich wünsche dir viel Spaß beim Lesen.
Annette Weber

1.

Manchmal habe ich gedacht, es ist nun alles vorbei. Nie wieder will ich darüber nachdenken, dass ich einmal so leichtsinnig war. Dass ich beinahe vergewaltigt oder vielleicht sogar umgebracht worden wäre.
Ich streiche das jetzt einfach für immer aus meinem Gedächtnis.
Und gerade, als ich es fast geschafft hatte, das alles halbwegs zu vergessen, holte mich die Vergangenheit plötzlich wieder ein.

Es war wie ein Schock!
Der Tag begann zunächst friedlich. Wir saßen zusammen in der Klasse und warteten auf unsere Englischlehrerin Frau Kruse. Elin schrieb noch die Hausaufgaben von mir ab, Yasin und Hannes lasen die GameStar, Rebecca tütete mich mit ihren Beziehungsproblemen zu. Andrej war offenbar doch nicht so toll, wie sie in den ersten Wochen ihrer Beziehung angenommen hatte.
Dann flog die Tür auf. Frau Kruse stand im Türrahmen, und neben ihr ... ich fasste es nicht.

„Ist der süß!", quietschte Rebecca in mein Ohr.
Der Typ neben ihr war wirklich süß. Dunkle Haare, dunkle Augen, kantiges Gesicht …
Jetzt stellte er sich neben Frau Kruse ans Lehrerpult. Ganz still wurde es nun in der Klasse.
„Kinder, das ist Fynn Richter. Er wird ab jetzt in unsere Klasse gehen", erklärte Frau Kruse.
Kinder – das sagte sie immer zu uns.
„Oh, cool!", grinste mir Elin zu.
Ich wusste selbst nicht, was mit mir los war. Mein Herz schlug mir bis zum Hals. Mir war schwindelig.
Nun sah dieser Typ zu mir herüber. Lange und aufmerksam schaute er mich an.
Ich kannte diesen Jungen! Kannte ihn aus einem anderen Leben. Aus einem Leben, das ich unbedingt vergessen wollte.
Dieser Typ war nämlich der Junge, den ich damals im Wald getroffen hatte. In diesem kleinen Ort … wie hieß der noch, verdammt noch mal?
„Ich komme aus Brenkenberg", berichtete der Typ nun.
Genau, Brenkenberg. Das war der Name.

Und in dem Wald in der Nähe von Brenkenberg befand sich das Haus, in dem mich die beiden Männer eingeschlossen hatten.
Damals – das hört sich so nach weit entfernter Vergangenheit an. Und doch war das Ganze erst drei Monate her. Aber irgendwie hatte ich alles in eine so entfernte Ecke in meinem Gedächtnis gepackt, dass es sich anfühlte, als lägen schon Jahre dazwischen.
Und dann das!

Aber war das möglich? Wieso stand dieser Junge jetzt da vorne? Warum ging er ausgerechnet in unsere Klasse?
„Wir sind umgezogen", berichtete Fynn nun. „Mein Vater hat eine Stelle in Bielefeld bekommen. Naja, darum bin ich jetzt hier."
„Cool!", bemerkte Elin wieder.
Frau Kruse lächelte.
„Wenn du willst, kannst du dich neben Elin setzen", sagte sie. „Da ist noch ein Platz frei. Und dann holt eure Englischbücher raus, damit wir anfangen können."
Fynn Richter kam mit langen Schritten auf unseren Gruppentisch zu. Er nickte kurz und

mit ernstem Gesicht zu Rebecca und mir
herüber. Dann setzte er sich neben Elin.
Elin schob ihm ihr Englischbuch zu, und
die beiden blickten gemeinsam hinein.
Die Stunde verging langsam.
Ich beugte mich tief über mein Buch.
Bloß nicht rübersehen.
Einmal schaute ich ganz kurz zu Fynn. Da
bemerkte ich, dass er mich auch musterte.
Das war mir sehr unangenehm. Ich schlug
mein Tuch um den Hals und versuchte,
mich darin zu verstecken.

Endlich war die Stunde zu Ende.
„What do you know about Thanksgiving?",
schrieb Frau Kruse noch als Hausaufgabe
an die Tafel. Dann verschwand sie.
„Oh Mann, war das öde", seufzte Elin und
rückte etwas dichter an Fynn heran. „Jetzt
erzähl mal von dir. Wer bist du? Was machst
du gerne? Wie gefällt es dir hier?"
Auch Yasin, Tina und Kaan kamen nun zu
unserem Gruppentisch herüber und bildeten
einen Halbkreis um den Neuen.
„Naja, ich weiß nicht, ob ihr Brenkenberg

kennt", erzählte Fynn grinsend. „Das ist ein kleines Kaff, aber ganz nett. Was gibt's noch über mich? Ich habe einen Hund. Einen riesigen kuscheligen Bärenhund."
„Cool!", kreischte Elin wieder.
Sie schien an diesem Tag nicht viele Vokabeln draufzuhaben.
„Seid ihr auch im Schüler-VZ?", wollte Fynn wissen. „Da könnt ihr meinen Hund sehen."
Alle waren begeistert. Einer nach dem anderen nannte Fynn seinen Namen, damit er ihn im Schüler-VZ oder bei wer-kennt-wen suchen konnte.
Zuletzt blieb sein Blick an mir hängen.
„Und du? Bist du bei wkw oder im Schüler-VZ?", wollte er wissen.
Ich schluckte. Dann schüttelte ich den Kopf.
„Nirgends", meinte ich ein bisschen verlegen.
Fynn sah überrascht aus.
„Bei facebook?", fragte er dann.
Wieder schüttelte ich den Kopf.
„Sarah chattet nicht", platzte Rebecca nun heraus. „Die hat mal eine blöde Erfahrung gemacht. Die war nämlich mal …"
„Halt die Klappe!", fuhr ich Rebecca so scharf an, dass sie mitten im Satz abbrach.

Das tat mir natürlich sofort leid, denn Rebecca ist meine beste Freundin. Ich wollte sie auf keinen Fall verärgern.
„Entschuldige!", sagte ich deshalb schnell.
Rebecca strich mir über den Arm.
„Schon okay, Sarah", erwiderte sie, aber ich merkte, dass sie gekränkt war.
Fynn sah mich lange an. Seine Augen glühten wie schwarze Kohlestücke. Sie fixierten mich durchdringend, und ich hatte das Gefühl, dass er in meinem Gesicht las wie in einem offenen Buch.
Ob er mich erkannt hatte?
Hoffentlich nicht. Damals im Wald, als wir uns begegnet waren, hatte ich bestimmt anders ausgesehen. Verschwitzt und ängstlich vielleicht. Jedenfalls nicht so wie heute in meinen normalen Schulklamotten.
Aber so sehr ich mir das auch einzureden versuchte, richtig glauben konnte ich es nicht.
„Wir kennen uns doch", sagte er.
Elin und Gesine schauten mich überrascht an.
„Ihr kennt euch?", wollte Elin wissen.
„Warst du schon mal in Brenkenberg?", fügte Gesine lachend hinzu.
Ich war tatsächlich in Brenkenberg gewesen.

In einem unheimlichen Haus in einem Wald.
Aber das würde ich ihnen auf keinen Fall auf die Nase binden.
„Nicht dass ich wüsste", erwiderte ich.
Und dann zog ich mein Mathebuch aus der Tasche und ignorierte Fynns durchdringende Blicke.
Hoffentlich kam unser Mathelehrer bald.

Als ich die Mittelstraße überquerte, um nach Hause zu kommen, sah ich diesen Fynn an der Kreuzung stehen. Er guckte sich suchend um. Als er mich sah, lächelte er und kam auf mich zu.
„Ich glaube, diese Stadt ist echt 'ne Nummer zu groß für mich", meinte er. „Wie komme ich von hier zur Münzstraße? Weißt du das?"
Wohnte er nun womöglich auch noch in der Münzstraße? Das war irgendwie unglaublich. Denn parallel zur Münzstraße liegt die Turnerstraße, und da wohne ich.
„Ja, das weiß ich", sagte ich. „Komm mit. Wir müssen in dieselbe Richtung. Ich wohne in der Turnerstraße. Die liegt gleich dahinter."

„Das ist ja genial", freute er sich und ging mit großen Schritten neben mir her.
Zunächst gingen wir eine Weile schweigend nebeneinander her.
„Sarah Hoffmann, Turnerstraße 13 in Bielefeld, stimmt's?", fragte er nun.
Ich antwortete nicht.
„Du warst das Mädchen im Sommer im Wald", ergänzte er. „Du warst total in Panik, ganz verschwitzt und ängstlich, richtig?"
Ich nickte. Was sollte ich auch anderes machen?
„Du hast mir nachher noch einen Brief geschrieben und mir die zehn Euro zurückgeschickt", fuhr er fort. „Ich erinnere mich an deinen Absender. Ich habe erst überlegt, dir zurückzuschreiben."
Er schien nachzudenken. Ich schwieg.
„Was ist damals passiert?", wollte er wissen.
„Nichts, was man jetzt einfach so auf der Straße erzählen kann", erwiderte ich.
Fynn nickte.
„Du bist mir damals lange nicht aus dem Kopf gegangen", berichtete er. „Ich habe mir richtig Vorwürfe gemacht, dass ich dich einfach so in den Zug gesetzt habe. Du sahst so klein und hilflos aus."

Ich musste schlucken. An die Zeit damals wollte ich nicht wieder denken.
„Du hast mir damals sehr geholfen", erwiderte ich leise. „Sehr sogar."
Schweigend gingen wir weiter. Es war plötzlich eine Vertrautheit zwischen uns entstanden. Das war irgendwie schön.

An der nächsten Kreuzung blieb ich stehen und zeigte auf die Straße, die nach links abging.
„Das hier ist die Münzstraße", erklärte ich. „Ich muss weiter geradeaus."
Fynn nickte. „Danke", sagte er. Dann sah er mich nachdenklich an. „Kann ich dich heute besuchen?", fragte er.
Ich hatte schon fast mit dieser Frage gerechnet. War ja klar, dass er wissen wollte, was damals passiert war. Ich seufzte.
„Okay", nickte ich.
„Erzählst du es mir dann?", bohrte er weiter.
Wieder nickte ich.
„Um 15.00 Uhr?", wollte er wissen.
„Turnerstraße 13", sagte ich.

2.

Fynn klingelte tatsächlich pünktlich um 15.00 Uhr. Mein Bruder Dennis schaute aus seiner Zimmertür.
„Ist für mich", meinte ich. Da machte er ein interessiertes Gesicht, sagte aber nichts. Jungenbesuch kannte er nicht von mir.
„Komm rein", sagte ich zu Fynn und öffnete meine Zimmertür.
Ich hatte extra für ihn aufgeräumt, mein Bett gemacht, die Tagesdecke darübergezogen, die Blume gegossen und das kindliche Kuschelbärchen, das mir Elin zum Geburtstag geschenkt hatte, in die Schreibtischschublade gequetscht. Aber Fynn sah sich gar nicht um. Er ließ sich auf meinen dicken grünen Ball fallen und wippte auf und ab.
Ich setzte mich aufs Bett und zog die Beine zum Schneidersitz hoch.
„Dann erzähl mal!", forderte mich Fynn auf. „Was ist dir passiert? Hat es etwas mit dem Chat zu tun?"
Als alles vorbei war, hatte ich nur Alessandro davon erzählt. Der hatte mir geraten, zur Polizei zu gehen, aber ich wollte das nicht.

Danach hatte ich versucht, alles zu vergessen.

Ich schluckte.
Ich hatte das Geschehen immer wieder vor mir gesehen: das Haus, die Gesichter dieser beiden Männer, der Wald, die Tannenschonung, in der ich mich versteckt hatte …
Dann brach es aus mir heraus. Ich begann, zu erzählen. Langsam erst, dann immer schneller.
Ich berichtete von dem Sonnenkönig aus dem Lovechat, der in Wirklichkeit Sven König hieß. Ich erzählte, wie ich mich in ihn verliebt hatte, wie ich ihm vertraut hatte, und wie er dann mein Vertrauen für seine Ziele missbraucht hatte.
Das Haus im Wald, in das mich Sven gebracht hatte, schilderte ich.
Und dann beschrieb ich, wie ein anderer Mann aufgetaucht war, der sich Onkel Jürgen nannte. Und wie die beiden Männer um ein Haar versucht hatten, mir etwas anzutun.
Fynn unterbrach nicht. Er saß ruhig auf seinem Ball und hörte zu.

„Mist", sagte er einmal, oder auch: „So ein Schwein!"
Meistens aber murmelte er nur „hmmm" oder „oh".
Und als ich endlich fertig war, hatte ich einen ganz trockenen Mund vom Erzählen. Nun schwiegen wir beide.

„Was hat die Polizei gesagt?", wollte Fynn schließlich wissen.
Ich winkte ab. „Ich habe die Typen nicht angezeigt", sagte ich.
Fynns Augen wurden groß.
„Du hast sie nicht angezeigt? Spinnst du?"
Jetzt regte er sich wirklich auf. „Die beiden sind doch total gefährlich. Sie können das doch jederzeit wieder tun."
Ach Mensch, warum sagte er das jetzt? Natürlich wusste ich, dass diese Männer weiter eine Gefahr sind. Aber warum sollte jetzt gerade ich die Verantwortung dafür tragen. Es war schlimm genug, dass ich in diese Sache hineingeraten war.
„Ich hatte keinen Bock auf Polizei", giftete ich Fynn an. „Die hätten doch nur blöde Fragen

gehabt. ‚Wie konntest du so leichtsinnig sein?', ‚Wieso hast du denen vertraut?'. Und auch: ‚Warum hast du sie nicht schon längst angezeigt?'"
Fynn richtete sich nun auf dem Ball auf und ruderte aufgeregt mit den Armen.
„Ist doch egal!", regte er sich auf. „Du musst sie anzeigen. Bitte! Es geht doch nicht, dass solche gefährlichen Typen einfach so weitermachen können. Bitte Sarah!"

Jetzt kriegte ich richtig Panik.
Ich wollte mich nicht so unter Druck setzen lassen.
„Lass mich bitte, Fynn. Das ist meine Entscheidung", versuchte ich ihn abzuwehren.
„Die Typen waren doch zu zweit. Die hätten mich gleich an die Wand gequatscht. Was zählt dann schon meine Aussage gegen zwei von ihnen? Und außerdem", ich zog meinen Kopf zwischen die Schultern, „wollte ich nicht, dass meine Eltern das erfahren."
Fynn wurde ganz unruhig. Er sprang vom Ball auf und wanderte quer durch mein Zimmer. Auf und ab, ab und auf.

„Kapierst du denn nicht, dass du trotzdem in großer Gefahr bist", meinte er dann. „Vielleicht haben sie Angst, dass du sie verrätst."
Er blieb stehen und sah mich nachdenklich an. „Haben sie dir vielleicht schon mal irgendwo aufgelauert?"
„Nein", wehrte ich entsetzt ab.
Dabei fiel mir ein, dass ich mich manchmal tatsächlich verfolgt fühlte.
Vorige Woche zum Beispiel, als ich aus der Schule kam, fuhr ein schwarzer Geländewagen langsam neben mir her. Er hatte getönte Scheiben.
Und gestern, als ich aus dem Fenster schaute, stand ein silberner Porsche an einer Straßenecke. So ein Auto, wie Sven es damals gefahren hatte.
Wahrscheinlich bildete ich mir diese Verfolgungen ein, aber sicher sein konnte ich mir natürlich nicht. Die Angst war mein täglicher Begleiter.
Fynn beobachtete mich genau.
„Du hast Angst", bemerkte er. „Angst, dass sie wiederkommen, Angst, dass sie im Chat sind, Angst, dass sie dich beobachten. Angst, Angst, Angst, stimmt es?"

„Nein!", brüllte ich. „Ich habe keine Angst."
Wieso setzte mich dieser Typ so unter Druck?
Was wollte er denn von mir? Im Grunde kannten wir uns doch gar nicht.
„Und überhaupt, was geht es dich an?", rief ich jetzt noch lauter. „Das ist mein Leben. Verschwinde gefälligst, und lass mich in Ruhe!"
Vorsichtig wurde meine Zimmertür geöffnet, und Dennis schaute ins Zimmer.
„Alles in Ordnung?", fragte er unsicher.
„Verschwinde!", schrie ich und warf ein Kissen in seine Richtung. Schnell schlug er die Tür wieder hinter sich zu.
Nun war es ruhig.
Fynn setzte sich wieder auf den Ball und schwieg.
Ich schluckte. Dann traten mir plötzlich die Tränen in die Augen. Das war ja wohl das Letzte! Der Typ musste mich doch echt für die absolute Heulsuse halten.
Schnell senkte ich den Kopf und versuchte, meine Fassung wiederzufinden.
„Sarah", sagte Fynn leise. „Lass uns zur Polizei gehen. Bitte! Ich begleite dich auch."
„Warum sollte ich das tun?", fragte ich unglücklich.

„Weil ich auch jemanden kenne, der im Chat ganz schlimm belästigt wurde." Fynn sah nun unglücklich aus. „Mein kleiner Bruder", sagte er dann leise.

Zwei Tage später hatte er mich weichgequatscht. Das lag daran, dass er immer so unglücklich guckte. Und dann erzählte er mir, wie sein kleiner Bruder im Chat einem „großen Freund" vertraut hatte. Der hatte ihm zuletzt immer wieder Pornofotos von sich geschickt.
„Mein Bruder war danach total verstört", berichtete Fynn. „Es hat lange gedauert, bis er uns davon erzählt hat." Fynn dachte einen Moment lang nach. „Jungen sind oft sehr gefährdet", fuhr er fort. „Viele Pädophile sind nämlich hinter Jungen her. Wusstest du das?"
Ich schüttelte den Kopf.
„Und was habt ihr dann gemacht?", wollte ich wissen.
„Meine Eltern sind mit ihm zur Polizei gegangen", erzählte Fynn. „Die haben dann den Admin benachrichtigt und den Typen sperren

lassen. Naja, und mein Bruder musste natürlich sofort das Chatten sein lassen."
„Hmm!"
Genau davor hatte ich damals auch Angst gehabt. Dass meine Eltern Stress machen und mir das Chatten verbieten würden. Dabei hatte ich nach der Geschichte selbst keine Lust mehr auf einen Chatroom gehabt.
Fynns schwarze Augen bohrten sich in meine, und dann sagte er immer und immer wieder: „Lass diese Schweine nicht davonkommen, Sarah! Solche Menschen sind total gefährlich. Für dich und für andere. Sie müssen bestraft werden."
Naja, so kam es schließlich, dass ich mit Fynn zusammen zum Polizeirevier ging.

Ich war überrascht, wie freundlich alle waren. Niemand sagte: „Wie naiv du warst!" oder auch: „Jetzt kommst du erst?"
Im Gegenteil. Ich wurde höflich aufgenommen, und die Polizisten lobten mich für meinen Mut, die Männer anzuzeigen.
Dann sagten sie jedoch etwas, das mir gar nicht gefiel: „Wo sind denn Ihre Eltern?

Warum sind sie nicht mitgekommen?"
Ich senkte den Kopf. Fynn versuchte, mir zu helfen: „Sarah möchte nicht, dass sie etwas davon erfahren."
„Kommen Sie doch in das Zimmer nebenan, da sind wir ungestört", sagte eine nette Polizistin zu mir. Dass sie „Sie" zu mir sagte, fand ich sehr freundlich.
„Soll ich hier auf dich warten?", fragte Fynn. Doch die Polizistin meinte, dass er besser gehen sollte. „Das hier kann noch lange dauern."
Fynn nickte mir noch einmal aufmunternd zu und ging.

Ich betrat mit der Polizistin ein Büro.
„Ich möchte auf keinen Fall, dass meine Eltern davon erfahren", meinte ich. „Das muss alles unter uns bleiben."
Aber die Polizistin schüttelte den Kopf.
„Das ist leider nicht möglich. Sie sind doch noch minderjährig", sagte sie. Dann sah sie mich nachdenklich an. „Warum möchten Sie das überhaupt?", fragte sie dann. „Sind Ihre Eltern so streng?"

„Im Gegenteil", erklärte ich. „Sie sind unheimlich lieb. Aber sie machen sich dann immer gleich so große Sorgen."
„Wenn das so ist, haben Ihre Eltern doch sowieso schon etwas gemerkt", überlegte die Polizistin. „Ist Ihnen das nicht aufgefallen?"
„Doch", gab ich zu. „Sie meinten immer, ich wäre so anders. Ich war auch wirklich zickig zu ihnen. Das tut mir richtig leid."
„Ich rufe sie jetzt an und rede erst einmal mit ihnen", sagte die Polizistin. „Sie werden bestimmt verstehen, dass Sie erst einmal viel zu geschockt waren, um alles zu erzählen."
Damit ging sie hinaus.

Eine Stunde später kamen meine Eltern.
Sie waren ganz aufgeregt und wirkten richtig verstört. Aber die Polizistin konnte ihnen alles gut erklären.
„Wie konntest du denn bloß auf so einen Typen reinfallen", rief mein Vater entsetzt.
„Ich hätte dir doch gleich sagen können, dass das ein dummer Schleimer und Sprücheklopfer ist."

„Das kann man gar nicht so leicht merken", erklärte die Polizistin. „Diese Männer gehen sehr geschickt vor. Oft setzen sie die Mädchen unter Druck oder täuschen vor, absolut vertrauenswürdig zu sein. Und die Mädchen geben dann viel zu viel von sich preis."
„So war das auch bei mir", fiel mir ein. „Dieser Mann, der sich Sven König nannte, hat mir sein Foto und seine Adresse gegeben, danach auch noch seine Handynummer. Da dachte ich, jetzt bin ich auch dran. Jetzt muss ich ihm auch etwas von mir schicken."
Die Polizistin nickte. „So geht es immer", sagte sie. „Und ehe man sich versieht, hat man Sachen verraten, die man gar nicht mitteilen wollte."
Ich erzählte schließlich meine ganze Geschichte.
„Sie müssen diesen Typen finden!", rief meine Mutter aufgeregt. „Der macht sich doch bestimmt noch an andere Mädchen ran."
„Natürlich überprüfen wir alles. Aber König ... das ist natürlich ein Allerweltsname. Und wahrscheinlich heißt er in Wirklichkeit ohnehin gar nicht so."

Ich fühlte mich total schlecht. Es war eine idiotische Idee, dass ich Sven hier bei der Polizei anzeigte. Er würde bestimmt wütend auf mich werden.
Vielleicht würde er mir auflauern. Vielleicht rechnete auch Onkel Jürgen mit mir ab.
Ich seufzte tief. Meine Eltern sahen mich mitleidig an und strichen mir kurz über den Arm. Das tat gut.

Nun holte die Polizistin noch einen Kollegen, der mit mir gemeinsam nach meiner Beschreibung eine Phantomzeichnung anfertigen ließ. Doch das war schwieriger, als ich gedacht hatte. Obwohl ich mir damals Onkel Jürgens Aussehen so genau eingeprägt hatte, obwohl ich Sven geküsst und sein Gesicht gestreichelt hatte, jetzt, als ich mit dem Polizisten am Computer saß, waren die Gesichter wie ausradiert.
„Dunkle oder helle Haare?", fragte der Polizist.
„So mittel", antwortete ich.
„Glatt oder lockig?"
„Eher so fransig, glaube ich."
So ging es die ganze Zeit.

Die Personen, die danach entstanden, sahen wie eine beliebige Zeichnung aus. Sven König und Onkel Jürgen erkannte ich selbst nicht darauf.

„Wir geben diese Anzeige erst einmal an die anderen Polizeireviere raus", erklärte der eine Polizist. „Vielleicht erkennt ihn ja jemand. Dann müssen wir besprechen, wie es weitergeht."

„Wenn Sie noch Hilfe brauchen, sagen Sie bitte Bescheid", schlug der Polizist vor. „Dann suchen wir Ihnen psychologische Betreuung."

„Nein, nein, danke. Ich komme gut klar", erwiderte ich schnell. „Aber danke für das Angebot."

Meine Eltern sahen mich scharf von der Seite an, sagten aber nichts dazu. Sie bedankten sich ebenfalls bei den Polizisten.

War ich erleichtert, als ich das alles hinter mir hatte.

Gebracht hatte es allerdings wenig, das spürte ich. Aber ich hatte mein Gewissen erleichtert. Und Fynn konnte nun eigentlich auch zufrieden sein.

3.

Am nächsten Tag klingelte mein Handy schon früh, obwohl Samstag war. Ich lag noch im Bett, war aber schon wach. Ich musste noch über den Abend zuvor nachdenken. Meine Eltern und ich hatten uns lange unterhalten. Trotz der Worte der Polizistin schämte ich mich dafür, dass ich ihnen nicht schon längst etwas erzählt hatte. Doch glücklicherweise hatten sie mir keine Vorwürfe gemacht. Vielmehr hatten sie mich getröstet und mir versichert, dass sie alles tun würden, damit ich diese Sache möglichst schnell hinter mir lassen könnte.
Unbekannte Nummer.
„Ja?"
„Ich bin's, Fynn."
„Ja?"
Ich wusste nicht, was ich sagen sollte. Irgendwie klopfte mein Herz plötzlich etwas lauter, und in meiner Brust kribbelte es so merkwürdig.
Das ärgerte mich.
„Sag mal, kannst du mal zu mir rüberkommen? Ich habe was Interessantes gefunden", sagte er.

Ich wusste gar nicht, was ich antworten sollte.
„Oder störe ich?", fragte er nun erschrocken.
„Ich sehe gerade, es ist erst kurz nach neun.
Vielleicht liegst du noch im Bett oder so."
Jetzt klang er richtig hektisch.
„Ja, das könnte sein!", murmelte ich und setzte langsam ein Bein auf den Teppich. „Aber wenn es wichtig ist, komme ich rüber. Ich muss nur noch duschen und frühstücken."
„Münzstraße 5", erwiderte er. „Und von mir aus kannst du auch im Schlafanzug kommen. Hauptsache, du kommst schnell."
Mir lag auf der Zunge „Ich schlafe immer nackt" zu sagen, aber das verkniff ich mir.
„In dreißig Minuten", sagte ich und legte auf.

Dann hatte ich plötzlich gute Laune.
Ich duschte lange und gemütlich, sang dabei laut vor mich hin. Dann schminkte ich mich und zog die enge Jeans und den weinroten Pulli mit dem V-Ausschnitt an.
Als ich die Tür zu meinem Zimmer öffnete, schaute Dennis aus seinem Zimmer. Seine Augen waren klein und verschlafen.

„Geht's noch, Erdnuss?", fragte er. „Du machst einen Krach, als wenn du einen Elefanten in deinem Zimmer versteckt hättest."
„Hab ich auch", erwiderte ich. „Der kommt jetzt gleich zu dir rüber."
„Oh Mann!" Dennis hielt sich die Ohren zu. „Ich wette, das hat mit diesem Typen zu tun, der neuerdings ewig in deinem Zimmer rumhängt."
„Vielleicht hat deine schlechte Laune damit zu tun, dass Tine immer weniger in deinem Zimmer abhängt", schoss ich zurück.
Das saß! Dennis knallte die Tür wieder zu. Seine Beziehung zu Tine lief nicht gut. Das hatte mir Tine oft erzählt.
Mama und Papa saßen in der Küche und frühstückten. Ich schnappte mir ein Rosinenbrötchen aus dem Korb und stopfte es mir zwischen die Zähne.
„Muss mal gerade zu einem aus meiner Klasse", murmelte ich so harmlos wie möglich.
„Aus deiner Klasse?" Mama sah mich so merkwürdig an. „Wer denn?"
„Ach, kennst du nicht. Der war schon mal hier, frag Dennis."
Ich wusste, dass meine Mutter natürlich beunruhigt war. Ich wollte mich aber nicht ein-

schränken lassen. „Bin gegen Mittag zurück."
Und dann – nichts wie weg.

Als ich in der Münzstraße ankam und mich suchend nach der Nummer 5 umschaute, klopfte jemand plötzlich von innen gegen ein Fenster. Es war Fynn. Sein Zimmer lag im Erdgeschoss eines älteren Mehrfamilienhauses, sodass er einen guten Überblick über die Straße hatte.
Das war ja nett. Ich winkte ihm zu.
Als ich vor der Haustür stand, hörte ich schon den Türsummer. Dann öffnete sich die Korridortür direkt hinter der Haustür.
„Hi!" Er lachte. „Das war ja wirklich ziemlich schnell."
„Und sogar in Klamotten", fügte ich hinzu.
Ich betrat die Wohnung. Sie sah aus wie eine Wohnung, in die man gerade eingezogen war. Kisten und Kästen überall, dazwischen Werkzeug und Möbelstücke.
Ein grauweißer zotteliger Hund kam zwischen den Kisten hervorgesprungen. Sammy. Ich war überrascht, wie gut ich mich noch an ihn erinnern konnte.

Sammy wedelte begeistert mit dem Schwanz und versuchte, an mir hochzuspringen.
„Sammy, nicht!", rief Fynn streng. „Er soll sich das nicht angewöhnen", erklärte er mir dann. „Dazu ist er viel zu schwer."
In einem Raum lief eine Bohrmaschine, in dem anderen Zimmer schien jemand die Wände zu streichen.
„Sammy! Komm hierher!", hörte ich eine Frauenstimme rufen. Sammy verschwand wieder.
„Leider habe ich nicht viel Zeit", meinte Fynn ein wenig verlegen. „Ich muss gleich meinen Eltern helfen. Ich wollte dir nur zeigen, was ich im Internet gefunden habe."
Und dann zog er mich mit sich in sein Zimmer.

Dieser Raum sah ebenfalls chaotisch aus, nur dass sein Schreibtisch schon ordentlich vor dem Fenster stand und der Computer lief.
„Guck mal!"
Fynn ruckelte an der Maus seines Computers, und eine Landschaft, die von oben fotografiert war, tauchte auf dem Monitor auf.
„Was ist das?"
„Google Earth."

„Na und?"
Ich ging näher auf den Monitor zu. Ein Wald war hier zu sehen. Dazwischen Wege und Felder. Und dort, an der einen Seite der Straße stand ein Gebäude.
„War es dieses Haus?", fragte Fynn nun, und seine dunklen Augen bohrten sich wieder so fest in meine, dass ich wegschauen musste.
Ich wusste natürlich sofort, welches Haus er meinte.
„Ich weiß es nicht. Wie kommst du darauf?", fragte ich ängstlich.
Fynn klickte auf ein anderes Feld: Google Maps. Nun war eine Karte von oben zu sehen. Straßen, ein kleiner Ort, Felder, grüne Flächen für Wälder, dazwischen ein kleines Flüsschen.
„Guck mal hier. Das hier ist Brenkenberg. An dieser Straße habe ich gewohnt", erzählte er nun und tippte auf eine Fläche mit vielen Straßen.
Ich wusste nicht wirklich, worauf er hinauswollte. Also schwieg ich und wartete.
„Und jetzt sieh dir mal diesen Weg an", fuhr Fynn fort und ließ den Mauszeiger über einen

Weg wandern. „Hier bin ich mit Sammy entlanggegangen. Und hier ungefähr", er zeigte nun an eine Stelle, „sind wir uns begegnet."
Fynn schaltete nun wieder auf das Satellitenbild zurück.
„Da ist der Wald, oder?"
Ich wusste noch immer nicht, was ich sagen sollte. Die Waldfläche sah unheimlich weitläufig aus. Kein Wunder, dass ich mich hier nicht zurechtgefunden hatte.
„Schau hier!" Fynns Mauszeiger war jetzt an einem Haus angekommen.
„Hier liegt ein einsames Haus. Es ist das einzige Gebäude weit und breit. Und es liegt an einer Straße am Waldrand."
Er zoomte nun tiefer auf das Haus hinunter.

Dann drehte er die Sicht so, dass wir das Haus von der Seite sahen. Das verursachte richtiges Magengrummeln bei mir. Wie beim Karussellfahren.
„Ich weiß nicht, ob es das Haus war", murmelte ich. „Das ist schon so lange her.
Und es war ja auch schon dunkel."

Er drehte das Haus, und ich sah es nun aus einer anderen Perspektive.
Und jetzt erkannte ich das Dachfenster.
Das war das Fenster, aus dem ich damals geflohen war.
Ein dicker Kloß bildete sich in meiner Kehle.
„Jetzt erkenne ich es", flüsterte ich heiser. „Das ist es wirklich."
Fynn nickte.
„Dachte ich mir."
Er überlegte.
„So ganz weit ist es nicht", meinte er schließlich. „Wenn du willst, können wir morgen mit dem Fahrrad da hinfahren." Er überlegte. „Vorausgesetzt, meine Mutter lässt mich hier aus dem Irrenhaus raus."
„Fynn?", hörten wir nun seine Mutter rufen.
„Ich muss wieder an die Arbeit", flüsterte Fynn mir zu. „Aber wenn ich die Bude gestrichen habe, können wir bestimmt los. Ich rufe dich heute Abend an, okay?"
Ich nickte. Er drückte mir die Hand. Ganz fest. Ich nahm diesen warmen Druck seiner Hände mit nach Hause.

4.

Aber so schnell, wie Fynn es sich gedacht hatte, ging es doch nicht.
Am Sonntag war seine Familie noch lange nicht mit der Wohnung fertig, und auch die Woche darauf verging mit renovieren und einräumen.
Ich war froh darüber.
Es war mir alles viel zu schnell gegangen.
So gut kannte ich Fynn schließlich nicht, dass ich sofort mit ihm eine Radtour zu einem Haus startete, das ich gar nicht wirklich wiedersehen wollte.
In der Woche, die nun kam, hatten wir aber Zeit, uns besser kennenzulernen.
Jeden Morgen gingen wir zusammen zur Schule.
Wir trafen uns an der Ecke Turnerstraße/Münzstraße, ohne das wirklich verabredet zu haben. Fynn stand einfach morgens da und wartete auf mich. Und von da an warteten wir jeden Tag aufeinander.
Zurück gingen wir sowieso zusammen.
„Hast du was mit dem?", fragte mich Elin eifersüchtig.

Und auch Rebecca musterte mich immer ein bisschen neidisch. Als wenn ihr Fynn zustehen würde. Dabei hatte sie mich ja damals auch nicht gefragt, als sie sich in Andrej verliebte, den eigentlich ich so gerne mochte.
„Wir sind einfach nur gute Freunde", erzählte ich dann. „Genau genommen nicht mal das. Wir sind Nachbarn. Das ist alles."
So ganz stimmte das natürlich nicht. Ich mochte Fynn total gerne. Er sah einfach toll aus. Und er war auch supernett.
Aber ich konnte mir nicht vorstellen, dass er sich besonders für mich interessierte. Ich bin nun einfach mal pummelig und rothaarig.
Da muss ich mir nichts vormachen.
Trotzdem sah er manchmal von seinem Platz neben Elin zu mir herüber. Seine dunklen Augen schauten mich dann fragend und nachdenklich an.
Da blieb mir jedes Mal fast das Herz stehen. Ich beugte mich tief über mein Heft und hoffte immer, er würde mich auch so gerne mögen, wie ich ihn.

„An diesem Samstag können wir mit der Radtour starten", sagte Fynn, als wir am Freitag gemeinsam aus der Schule kamen. „Ich habe mir schon einen Radweg ausgesucht. Ganz so lange kann es eigentlich nicht dauern. Es sind höchstens 20 Kilometer. Die haben wir in zwei Stunden geschafft. Was meinst du?"
Was meinte ich? Keine Ahnung, was ich dachte und fühlte.
Ich freute mich erst, weil ich dachte: Toll, mit Fynn zwei Stunden durch die Botanik zu radeln, das hat was! Dann aber fiel mir ein, dass wir ja zu dem Haus wollten, und plötzlich kriegte ich richtig Schiss.
„Ich weiß nicht, ob ich es aushalte", meinte ich.
„Aber 20 Kilometer sind doch kein Problem", wunderte sich Fynn.
Ich musste lachen. „Nicht die 20 Kilometer. Aber das Haus wiederzusehen."
Nun grinste auch Fynn.
„Daran denken wir aber erst, wenn wir da sind, oder?", meinte er dann. „Vorher tun wir so, als wenn wir eine Radtour machen. Ich nehme auch eine Decke und was zu essen mit."

Das klang irgendwie wirklich nett.
„Also dann – sagen wir um 12 Uhr mit Picknickkörbchen an der Ecke."
„Das hört sich gut an!"

Das Wetter war wunderschön. Ein richtig sonniger Herbsttag.
Fynn holte mich ab und stellte sich gleich meiner Mutter vor. Da hatte die auch nichts mehr gegen die Radtour, und so fuhren wir los.
Fynn hatte den Weg gut geplant.
Nach einer Stunde machten wir eine Pause, aßen Brötchen, knabberten Kekse und tranken Eistee.
Es hätte alles so nett und romantisch sein können – wenn wir nicht dieses verdammte Ziel vor uns gehabt hätten.
Ich versuchte, nicht daran zu denken.
Die Sonne wärmte meinen Rücken, der Wind wehte durch meine Haare. Vor mir fuhr Fynn. Er drehte sich manchmal nach mir um und lächelte dann.
Fast hatte ich vergessen, warum ich diese Radtour machte.

So war ich total erschrocken, als Fynn plötzlich anhielt und auf den Plan schaute, den er mitgebracht hatte.

„Hier muss es sein!"

„Hier?" Ich kriegte einen wahnsinnigen Schrecken. „Aber ich sehe nichts. Und ich erinnere mich auch nicht an diesen Feldweg. Das Haus lag an einer Straße."

Fynn sah sich um.

„Die Straße ist da hinten, hinter dem Wald", meinte er und zeigte ein Stückchen weiter in den Wald hinein. Wir schoben die Räder über den weichen Waldboden, bis wir an eine Wegbiegung kamen.

„Guck mal, da steht das Haus", murmelte Fynn dann.

Mein Herz zog sich zusammen und mein Magen drehte ein paar Extrarunden. Tatsächlich. Da war das Dach eines Hauses zu sehen. Dunkelrot leuchtete es durch die Bäume.

Ich erkannte es sofort. Die Straße verlief auf der anderen Seite des Hauses entlang. Hier war die Auffahrt, auf der Sven damals mit seinem Auto gehalten und mir das Tuch von den Augen genommen hatte.

Fast bildete ich mir ein, Svens Geruch neben mir wahrzunehmen. Dieser Geruch nach süßem Rasierwasser.

„War es das?", wollte Fynn wissen.
Ich nickte.
Wir lehnten unsere Räder an einen Baum und gingen auf das Haus zu. Dann drehten wir eine Runde drumherum und versuchten, durch die Fenster zu schauen.
„Sieht so aus, als wenn hier die Küche ist", stellte Fynn fest. „Erinnerst du dich?"
Ich schüttelte den Kopf.
„Wir sind damals gleich eine Treppe hoch in ein Zimmer im oberen Stockwerk gegangen", erinnerte ich mich.
„Damit du nicht fliehen konntest, was?", bemerkte Fynn.
Wieder beobachtete er mich aufmerksam.
Plötzlich wurde ich misstrauisch.
Warum war Fynn so verrückt darauf, diese Geschichte zu erfahren? Ob das wirklich mit seinem Bruder zusammenhing?
Schon einmal war ich auf blöde Erklärungen eines Typen reingefallen. Schon einmal hatte

ich jemandem blind vertraut und war dann in eine Falle gelaufen.

Vielleicht war Fynn ein Kumpel von Sven, wie es damals dieser Onkel Jürgen gewesen war.

Das war natürlich Unsinn, oder?

Fynn war so ein netter Typ. Er wirkte so ehrlich. Aber auch Sven war liebenswürdig gewesen. Und dann hatte er mich doch reingelegt.

Trotzdem – die Sache mit Sven und die Freundschaft zu Fynn waren zwei vollkommen verschiedene Dinge.

Wenn ich nun allen Menschen misstraute, die nett zu mir waren, würde ich bald wahnsinnig. Nein, vor Fynn musste ich keine Angst haben. Er war doch mit zur Polizei gegangen. Er wollte doch auch, dass die Männer gefasst wurden.

„Was guckst du mich so komisch an?", fragte Fynn plötzlich und seine Augen durchbohrten mich wieder.

„Nichts", erwiderte ich. „Mir fällt nur alles wieder ein, was ich hier erlebt habe."

Fynn nickte. „Das kann ich mir denken."

Er zog sein Handy aus der Tasche.

„Wir sollten direkt die Polizei anrufen und sie hierhin bestellen", schlug er vor. „Ich habe

mir extra die Nummer unseres Reviers
gespeichert."
Wieder spürte ich mein Misstrauen. Ob das
wirklich stimmte?
Wieso hatte er eine Nummer gespeichert?
Vielleicht wollte er jemand ganz anderen anrufen. Jemand, der wissen wollte, ob ich jetzt
vor diesem Haus stand.
„Bleib ruhig!", dachte ich mir immer wieder.
„Diesmal ist es keine Falle. Wie soll Fynn
denn Sven kennen? Die beiden hatten doch
überhaupt nichts miteinander zu tun."
Fynn hatte mir damals doch geholfen. Es
konnte doch nun wirklich nicht sein, dass er
mit Sven unter einer Decke steckte.

Dieses Misstrauen machte mich fast verrückt,
gerade weil ich wusste, wie unbegründet es
war. Würde ich jemals wieder jemandem trauen können? Tränen stiegen mir in die Augen.
Hektisch drehte ich mich um und wollte zu
meinem Fahrrad gehen, damit Fynn meine
Angst und mein Misstrauen nicht bemerkte.
Dabei übersah ich eine Baumwurzel,
stolperte und fiel auf den Waldboden.

Ein stechender Schmerz schoss durch meinen Knöchel.

Ich stöhnte auf.

Fynn kam zu mir und beugte sich erschrocken über mich. „Wie ist denn das passiert? Tut dir was weh?", fragte er.

„Mein Knöchel", schluchzte ich.

Vorsichtig half mir Fynn, mich aufzusetzen. Dann tastete er den Knöchel ab, der schon begann, anzuschwellen.

„Der ist bestimmt verstaucht. Am besten rufe ich auch unsere Eltern an, damit sie kommen, um uns abzuholen."

Fynn tippte die Nummer, ließ aber dann enttäuscht sein Handy sinken.

„Kein Empfang", murmelte er.

„Stimmt!", fiel mir ein. „Das Problem hatte ich damals auch. Hier ist kein Handyempfang."

„Was machen wir nun?" Fynn dachte nach.

„In Brenkenberg hatte ich Empfang", überlegte er. „Lass uns den Weg hier weiter bis zum nächsten Ort gehen. Ich stütze dich dabei."

Zögernd versuchte ich, aufzustehen und zu gehen. Ich konnte zwar einige Schritte humpeln, aber einen Weg von mehreren Kilometern? Niemals!

„Ich kann keine weite Strecke laufen. Fahr einfach alleine mit dem Rad los, das kann ja nicht so lange dauern. Ich warte hier inzwischen, okay?"
Ich versuchte, überzeugend zu klingen, obwohl ich immer noch das komische Gefühl im Magen hatte. Aber ich wollte Fynn unbedingt zeigen, dass ich mich nicht unterkriegen lasse.
Fynn zögerte.
„Okay", stimmte er schließlich zu. „Dann fahre ich so lange, bis ich Empfang habe und rufe die Polizei. Ich bestelle sie zu dem Haus und komme, so schnell es geht, zurück."
Ich nickte.
„Perfekte Idee. Aber bleib nicht zu lange weg", bemerkte ich noch.
„Keine halbe Stunde", rief mir Fynn zu.
„Und pass auf dich auf!"
Dann schwang er sich auf sein Fahrrad und verschwand.

5.

Als Fynn weg war, wusste ich nicht mehr, was ich machen sollte. Ich sah mich um und entdeckte ein sonniges Plätzchen an einer Wiese, nicht weit von dem Haus entfernt. Dort setzte ich mich auf einen Stein und wartete.

Der Platz war geschickt gewählt. Ich hatte einen guten Blick auf den Feldweg, um zu sehen, ob Fynn zurück kam. Gleichzeitig konnte ich aber auch die Auffahrt gut beobachten.

Plötzlich heulte ein Motor in meiner Nähe auf. Da kam jemand! Das konnte nur die Polizei sein. Fynn hatte sie angerufen, und sie waren nun auf dem Weg hierher.

Ich stand auf und ging ein paar Schritte auf das Haus zu. Dann blieb ich wie erstarrt stehen.

Seit wann fuhren Polizisten einen silbernen Porsche?

„Sven!", schoss es mir durch den Kopf.

Geistesgegenwärtig sprang ich, so schnell es mein Knöchel zuließ, hinter einen Busch und duckte mich. Einen Moment lang bewegte ich mich nicht. Mein Herz schlug so laut, dass ich Angst hatte, jemand könnte es hören.

Der silberne Porsche stand nun ziemlich dicht vor mir, aber niemand stieg aus. Zu gerne wollte ich wissen, ob Sven in diesem Wagen saß. Sven – ihn vielleicht gleich wiederzusehen, machte mir riesengroße Angst. Gleichzeitig aber wollte ich unbedingt wissen, was er hier machte.

Darum bog ich ganz vorsichtig die Zweige auseinander und schaute zu dem Auto hinüber.

Er war es tatsächlich. Lächelnd hatte er sich gerade zu seiner Beifahrerin hinübergebeugt. Einem Mädchen mit langen dunkelblonden Haaren.

Aber was machte er? Es sah aus, als ob er ihre Wangen streichelte.

Ich wagte es, tiefer in den Busch zu kriechen und die Zweige noch weiter auseinanderzubiegen. Jetzt hatte ich Sven dicht vor mich. Und nun erkannte ich auch, was Sven da machte. Er nahm dem Mädchen ein schwarzes Tuch von den Augen.

Das war einfach nur schrecklich. Mein Blut pochte so laut in meinen Adern, dass ich es in

meinen Ohren hören konnte. Hoffentlich
platzte mir nicht der Schädel.
Ich hatte Angst. Angst um das Mädchen.
Sie hatte große runde Augen und sah noch
ganz kindlich aus. Als Sven das Tuch auf den
Rücksitz legte, sah sie sich verwundert um.
Wie ein Kind unter dem Weihnachtsbaum.
Dann blickte sie zu dem Haus hinüber.
Nun öffnete Sven die Tür und stieg aus. Auch
das Mädchen verließ den Wagen.
„Keine Angst", hörte ich ihn nun sagen. „Ich
wohne hier. Komm mit, ich zeige dir mein Haus."
Diese tiefe freundliche Stimme war mir so
vertraut. Er lachte sein warmherziges Lachen,
das ich so an ihm geliebt hatte.
Auch das Mädchen kicherte.
„Ich muss aber um 6 Uhr zu Hause sein",
sagte sie.
„Na klar", war nun Sven zu hören. „Ich will nur
ein bisschen mit dir alleine sein. Du wirst
sehen. Es ist schön bei mir."
Die beiden gingen auf das Haus zu.
Sven trug ein schwarzes Hemd und eine helle
Hose, das Mädchen war mit einem blauen
Kapuzenpulli und einer Jeans bekleidet.
Den Reißverschluss des Pullis hatte sie

weit aufgezogen, sodass sie einen tiefen Ausschnitt präsentierte.
Als sie so neben Sven herging, sah sie doch älter aus, als ich zunächst gedacht hatte.
Sechszehn konnte sie sein.
Sven hatte nun seinen Arm um sie gelegt und drückte sie an sich.
Meine Gefühle spielten irgendwie verrückt.
„Sooo schnell hat er also eine andere",
dachte ich zuerst.
Aber dann setzte mein Verstand wieder ein.
Er war doch überhaupt nicht in dieses Mädchen verliebt. Er wollte sie einfach nur benutzen, wie er mich damals benutzt hatte.
Jetzt flüsterte er ihr etwas ins Ohr und das Mädchen lachte hell und kindlich auf. Verdammt noch mal, warum kapierte sie nicht, dass sie in Gefahr war?

Sven schloss die Tür auf. Dann verschwanden die beiden im Haus.
Langsam löste sich mein Körper aus der Erstarrung. Leise kroch ich aus dem Busch und klopfte mir den Staub von der Hose.
Dann schaute ich auf die Uhr meines Handys.

Fynn war erst eine Viertelstunde weg. Es würde noch eine Weile dauern, bis er mit der Polizei vor dem Haus erschien. In dieser Zeit konnte alles Mögliche mit diesem Mädchen passieren.

Ob ich sie warnen sollte?

Leise schlich ich um das Haus und überlegte, was ich tun sollte. Dann fiel mein Blick auf die Haustür. Sie war nur angelehnt. Offensichtlich hatte Sven vergessen, sie ganz zu schließen. Ich überlegte einen Moment lang. Ob es klug war, sich in das Haus zu schleichen und das Mädchen zu warnen? Andererseits war das die einzige Möglichkeit, ihr zu helfen. Und letztendlich konnte mir nicht so viel dabei passieren. Sven war immerhin allein, und wenn ich das Mädchen gewarnt hatte, waren wir schon zu zweit und konnten ihn leicht überrumpeln.

Der Gedanke machte mich fast euphorisch. Sven würde die Spucke wegbleiben, wenn er mich sah. Und dann konnte ich ihm endlich einmal sagen, was ich ihm immer sagen wollte. Dass er ein riesengroßes Schwein war. Ein Verbrecher. Ein pädophiler Kinderschänder. Und dass das Mädchen und ich ihn vor Gericht bringen würden.

Endlich, endlich konnte ich mich an ihm rächen. Das Gefühl gab mir Kraft und Mut.

Leise öffnete ich die Tür. Dann humpelte ich in den Flur.
Es war ein seltsames Gefühl, in ein fremdes Haus einzubrechen und sich dabei nicht erwischen zu lassen. Fast erschien mir alles wie ein Film. Meine Sinne waren so scharf wie bei einer jagenden Katze. Ich bewegte mich lautlos, lauschte dabei und blickte um mich. Jetzt hörte ich jemanden in einem Raum rumoren. Direkt neben mir. Lautlos schlich ich auf die geöffnete Tür zu und blickte vorsichtig hinein. Es war die Küche. Sven stand hier an einem Tisch und mixte einen Drink. Er drehte mir den Rücken zu und bemerkte mich nicht.
Mein Herz schlug mir immer noch bis zum Hals. Es war ein seltsames Gefühl, dass Sven so dicht vor mir stand, Flüssigkeiten in ein Gefäß goss und mit einer Gabel umrührte. Er wirkte so vergnügt und selbstsicher dabei. Das machte mich noch wütender. Er wusste genau, was er tat; wusste, dass er dieses

Mädchen in der Hand hatte und dass sie ihm nicht entkommen konnte.

Nur ich allein konnte sie warnen. Und ich musste schnell dabei sein.

Leise und möglichst ohne zu humpeln schlich ich die Treppe hinauf. War das die Tür zu dem Raum, in den mich Sven damals geführt hatte? Ich öffnete sie und erkannte das Zimmer sofort wieder: Es war der Raum mit den weichen Teppichen und dem großen Bett.

Mitten auf dem großen Bett lag das Mädchen mit den langen Haaren. Sie lag auf dem Rücken und starrte an die Decke.

Leise ging ich auf sie zu.

Sie bemerkte mich erst, als ich direkt vor ihr stand. Ihre Augen wurden groß und sie sah aus, als würde sie gleich losschreien.

„Pssst", sagte ich. „Psssst!"

Sie richtete sich auf. Erschrocken starrte sie mich an. Als müsste sie vor mir Angst haben! Vor mir! Das war ja lächerlich.

„Keine Angst!", flüsterte ich ihr zu.

Immer noch sah sie mich entsetzt an. Jetzt setzte sie sich auf.

„Wer bist du?", fragte sie ängstlich. „Und wie kommst du hier rein?"

„Ich heiße Sarah", erklärte ich leise. „Ich war mal mit Sven zusammen. Genau wie du."

„Sven? Wer ist das denn?"

Die Stimme des Mädchens wurde jetzt lauter. Fast hörte sie sich weinerlich an.

„Na, dieser Typ da. Sven König. Oder wie nennt er sich jetzt?"

„Meinst du Pascal?" Sie sah immer noch misstrauisch aus.

„Hör zu!", redete ich nun schneller. „Du bist in großer Gefahr. Der Typ hat dich hier ins Haus gelockt, weil er dich vergewaltigen will. Gleich taucht wahrscheinlich ein anderer Typ auf, und zusammen …"

„Spinnst du?"

Das Mädchen stand jetzt auf und schlüpfte in ihre Schuhe. Dann baute sie sich vor mir auf. Sie war größer als ich und sah plötzlich erstaunlich erwachsen aus.

Ihre großen Augen musterten mich von oben bis unten.

Ich fühlte mich plötzlich so hilflos. Wie sollte ich ihr diese Geschichte klarmachen?

„Ich glaube, du hast echt 'nen Schaden", fuhr das Mädchen nun fort. „Pascal und ich sind schon lange zusammen. Wir lieben uns."
Ihre Augen funkelten mich böse an.
„Das habe ich auch gedacht", rief ich aufgeregt. „Ich habe ihm genauso vertraut wie du. Aber er hat das nur ausgenutzt. Er hat mich auch in dieses Haus gelockt …"
In dem Moment hörten wir Schritte auf der Treppe.
Sven kam. Das war einfach schrecklich.
„Bitte verrate mich nicht", rief ich.
Dann sah ich, wie die Klinke heruntergedrückt wurde.

Mit einem Satz verschwand ich neben dem Schrank und duckte mich hinter einen Sessel.
Da stand Sven auch schon im Zimmer.
„Ich habe uns was zu trinken gemacht, Milena", sagte er mit dieser sanften Svenstimme, die ich noch zu gut kannte.
„Danke", hörte ich diese unbekannte Milena antworten.
Einen Moment lang entstand eine kurze Pause. Offenbar tranken beide.

Plötzlich spürte ich einen Hustenreiz in der Kehle. Auch das noch.
Ich schluckte und versuchte, an etwas anderes zu denken.
„Milena", flüsterte Sven nun. „Es ist so schön, dass du da bist."
„Warte", hörte ich Milena nun mit gequetschter Stimme. „Ich muss dich mal was fragen."
„Hmm?"
„Kennst du ein Mädchen, das Sarah heißt?"
Oh nein! Warum tat sie das? Mir traten Schweißperlen auf die Stirn.
Wollte sie mich verraten?
„Sarah? Nie gehört. Warum fragst du das?", erwiderte Sven mit unschuldiger Stimme.
„Hier hat sich ein Mädchen versteckt", petzte diese Milena nun. „Sie sagt, sie heißt Sarah, und sie war mal mit dir zusammen. Sie meinte, du hättest dich Sven genannt und sie auch in dieses Haus gelockt."
„So ein Unsinn!" Sven lachte nun. Übertrieben und unecht hörte es sich an. „Wann hat sie dir das denn erzählt?", wollte er nun wissen.
„Jetzt gerade", sagte Milena. „Sie ist nämlich hier."

„Sie ist hier?"
Svens Stimme klang ungläubig.
Oh nein! Das war einfach nur schrecklich!
Es hatte keinen Sinn, sich weiter zu verstecken. Ich stand auf und machte einen Schritt aus der Schrankecke auf Sven zu.
„Hallo Sven", sagte ich.
Sven starrte mich total ungläubig an.
So guckt man wahrscheinlich, wenn man in seinem Schlafzimmer auf ein grünes Männchen trifft.
Dann drehte er sich zu Milena um.
„Meinst du die da?", lachte er. „Das ist Sarah, das stimmt. Sarah Hoffmann. Hat sie dir was angetan?"
„Nein!", rief Milena verwundert.
„Nein!", sagte auch ich erschrocken.
„Sie ist nämlich eine eifersüchtige Stalkerin, weißt du? Ich war mal kurz mit ihr zusammen. Seitdem verfolgt sie mich immer", behauptete Sven nun. Und er sagte es so selbstsicher, dass es realistisch klang. Ehrlich, wenn ich es nicht besser gewusst hätte, hätte ich es ihm geglaubt.
Ich war total verblüfft. Verwundert klappte ich meinen Mund auf, um etwas zu erwidern,

aber ich wusste nicht, was ich sagen sollte.
„Ich hatte gleich das Gefühl, dass sie einen Schuss hat", rief Milena.
„Was redest du da, Sven!", schrie ich nun wütend. „Du weißt ganz genau, dass das nicht stimmt. Du bist es, der einen Schuss hat. Du hast mich vor ein paar Monaten hier hingelockt und wolltest mir was antun. Und jetzt hast du dasselbe mit diesem Mädchen vor."
„Was meint sie?", wunderte sich Milena.
„Und wieso nennt sie dich Sven?"
„Sie ist krank", erklärte Sven ihr nun. „Sie ist eigentlich in der Psychiatrie, aber sie haut immer wieder ab."
Er ging auf mich zu und baute sich vor mir auf.
„Verschwinde!", schrie er mich lautstark an. „Du hast hier in meinem Haus nichts zu suchen!"
Als er so vor mir stand und böse mit den Augen rollte, war ich wirklich erschrocken.
„Mach, dass du rauskommst!", brüllte er noch einmal.
„Milena", versuchte ich es ein letztes Mal.
„Hau aaaabb!", schrie jetzt Milena.
Ihre Stimme überschlug sich fast.

„Wenn du nicht sofort verschwindest, zeige ich dich wegen Hausfriedensbruch an!", drohte Sven.
Was sollte ich machen?
Ich drehte mich um und hinkte die Treppe hinunter.
Milena stand an der oberen Treppenstufe und achtete darauf, dass ich das Haus wirklich verließ. Sven begleitete mich nach unten.
„Wenn du noch mal versuchst, mich vor meiner Freundin so bloßzustellen, kannst du was erleben", zischte er mir zu. „Und wenn du irgendjemandem von unserem letzten Treffen erzählst, bist du dran. Noch einmal lasse ich dich nicht davonkommen. Was glaubst du, warum ich dich noch nie zu Hause besucht habe? Weil du bisher so brav geschwiegen hast. Am besten tust du das auch weiterhin. Obwohl: Wer würde einer hysterischen Ziege wie dir schon eine solche Geschichte glauben?"
Damit schob er mich hinaus und schloss hinter mir die Tür ab.

6.

Als ich draußen vor dem Haus stand, war ich völlig durcheinander. Mein Herz schlug mir immer noch bis zum Hals, mein Gesicht brannte wie Feuer.
Das war es dann also: Schöne Rache!
Das hatte ich mir eigentlich anders ausgemalt. Ich wollte, dass Sven in Handschellen abgeführt wurde. Dass er sich im Gerichtssaal bei mir entschuldigte. Dass er dann sechs Jahre ohne Bewährung kriegte.
Aber das hier?
Stalkerin. Aus der Psychiatrie weggelaufen. Das war ein kluger Schachzug von ihm gewesen. Milena hatte ihm diese Geschichte jedenfalls sofort abgenommen.
Und dann die Drohung am Schluss: Er hatte also nur noch nichts gegen mich unternommen, weil er glaubte, dass ich vor Angst niemandem etwas erzählt hatte. Eigentlich hatte er ja sogar Recht damit behalten. Hätte Fynn mich nicht überzeugt, wäre ich nie zur Polizei gegangen. Vermutlich hatte er mich deshalb einfach gehen lassen. Er hatte bisher nur Erfahrungen mit Mädchen gemacht, die

sich vor Scham nicht trauten, mit jemandem über ihre Erlebnisse zu sprechen.
Na warte! Der würde Augen machen, wenn gleich die Polizei hier auftauchte!
Ich atmete tief ein und aus und versuchte, dieses beschämte Gefühl abzuschütteln.
„Okay, dann eben nicht", sagte ich mir dabei. „Ich habe immerhin versucht, diesem Mädchen zu helfen, aber wenn sie mir nicht glaubt, soll diese blöde Milena ihren geliebten „Pascal" doch von einer anderen Seite kennenlernen! Manche Menschen haben es eben gar nicht verdient, dass man sich für sie einsetzt!"
Aber was machte ich jetzt?
Langsam humpelte ich zu meinem Fahrrad und schob es von der Auffahrt herunter auf den Feldweg. Warum kam Fynn nicht zurück? Ich mochte mich nicht länger hier in der Nähe des Hauses aufhalten. Vielleicht sollte ich mich einfach aus dem Staub machen.

Aber ich konnte mich nicht so richtig entschließen, zu verschwinden. Fynn jetzt mit allem allein zu lassen, wäre irgendwie gemein.

Da hörte ich ein Auto die Straße entlangfahren. Dann bog es in die Auffahrt ein, die zu dem Haus führte.
Ob das die Polizei war?
Ich wendete mein Fahrrad und ging langsam über den Feldweg zum Haus zurück. Vor dem Haus stand nun ein zweites Auto auf der Auffahrt. Ein schwarzer BMW, Bielefelder Kennzeichen. Wer immer in diesem Auto gesessen hatte, er war schnell im Haus verschwunden.
Das war nicht die Polizei. Das wusste ich genau.
Onkel Jürgen fiel mir sofort ein. Hatte er einen BMW gefahren?
Mir kroch eine Gänsehaut über den Rücken. Ich kniff die Augen zusammen und starrte zum Dachfenster hinauf. Täuschte ich mich oder stand dort oben am Fenster eine Gestalt und schaute zu mir herunter?
Tatsächlich! Ich erkannte diese Milena. Ausgerechnet diese blöde Kuh beobachtete mich vom Fenster aus. Fehlte nur noch, dass sie mich auch noch an Onkel Jürgen verpetzte.
„Diese Stalkerin steht immer noch da unten", oder so was, sagte sie vielleicht gerade.

Jetzt aber sah ich, dass Milena in Panik war. Sie schlug mit ihren Fäusten gegen das Fenster. Es sah aus, als wenn sie mir etwas zurief. Himmel, was war passiert?
Eigentlich wusste ich genau, was geschehen war. Ich wollte es nur nicht wahrhaben. Milena war dort oben in dem Zimmer eingeschlossen, so wie ich damals auch eingeschlossen gewesen war. Jetzt hatte sie kapiert, dass ich die Wahrheit gesagt hatte. Dass Sven König, oder wie immer dieser Typ hieß, ein Riesenarsch war, und dass die beiden Männer ihr etwas antun würden.
Das durfte ich einfach nicht zulassen. Auch wenn ich diese Milena nicht leiden konnte.

In aller Hektik stellte ich mein Rad an einem Baum ab. Dann hetzte ich so gut es ging erneut auf das Haus zu.
Ich drückte meinen Oberarm gegen die Haustür, und, oh Wunder, sie öffnete sich.
So schlich ich mich erneut ins Haus.
„Sie ist oben", hörte ich Svens Stimme. „Und wartet auf dich."

Der andere Typ lachte. Es war ein ekeliges Lachen. Ein geiles Lachen.

Meine Angst kroch mir den Rücken hinauf. Gleichzeitig war mein Verstand klar wie nie zuvor. Ich kroch hinter einen Garderobenschrank und bewegte mich nicht.

Die Männer traten aus der Küche. Dann knarrte die Holztreppe. Gleich waren sie an der Tür, die zum Schlafzimmer führte. Ich hörte, wie der Schlüssel im Schloss gedreht wurde.

Dann schrie Milena: „Was wollen Sie? Wer sind Sie?"

Der Unbekannte lachte wieder dieses geile Lachen.

„Reg dich ab!", war nun Svens Stimme zu vernehmen.

Wieder schrie Milena auf.

Oh Gott, das durfte ich nicht zulassen. In meinem Kopf liefen die Gedanken wild im Kreis herum. Was sollte ich bloß machen? Warum war ich in das Haus gegangen? Ich konnte Milena doch überhaupt nicht helfen.

Jetzt weinte Milena. Es hört sich ganz verzweifelt an.

Ich war völlig kopflos. Dieses Weinen machte mich wahnsinnig. Ich dachte daran, wie ich in diesem Raum gefangen gewesen war. Wie panisch ich war, als ich das Spiel durchschaut hatte.

Genauso ging es nun Milena. Ich war die Einzige, die ihr helfen konnte. Aber wie?

Ob es etwas gab, das ich den Männern über den Kopf schlagen konnte? Eine Flasche oder so?

Hektisch drehte ich mich um. Bei der Bewegung stieß ich gegen eine Vase, die auf dem Garderobentisch stand. Sie fiel auf den Steinboden und zersplitterte. Die Splitter flogen in alle Richtungen.

Mein Herz setzte aus.

„Jetzt haben sie mich!", dachte ich. Mit einem Fußtritt beförderte ich die Scherben unter den Schrank. Dann hörte ich, wie sich die Tür zum oberen Stockwerk öffnete.

Mit einem Satz sprang ich wieder hinter den Garderobenschrank und versteckte mich dort. Mein Herz schlug mir bis zum Hals.

„Da ist jemand!", rief nun der Unbekannte. Die Stimme kam mir sehr bekannt vor. „Jemand ist in der Küche", rief er.

„Wahrscheinlich dieses Mädchen, das vorhin da war", meinte Sven.
Ich hörte nun, wie jemand die Treppe herunterkam. Und dann noch jemand.
Bewegungslos hockte ich immer noch hinter dem Schrank und wagte nicht, hervorzuschauen.
Jemand ging in die Küche, um nachzusehen. Der andere stand in der Zeit so nah vor mir, dass ich ihn hätte anfassen können. Ich konnte seinen pummeligen Körper erkennen. Tatsächlich! Es war Onkel Jürgen. Er trug sogar das graurot geringelte T-Shirt wie beim letzten Mal.
„Hier ist sie nicht mehr!", rief Sven ihm jetzt zu.
„Vielleicht ist sie rausgelaufen", mutmaßte Onkel Jürgen und deutete auf die Haustür, die ich offen gelassen hatte. Beide schauten nun nach draußen und blickten in den Vorgarten.
„Bitte geht raus", versuchte ich, sie zu beschwören. „Bitte!"
Tatsächlich machten sie einen Schritt aus der Tür hinaus.
„Da hinten ist jemand", sagte Sven.

„Da hinten an dem Baum."
Ich weiß nicht, was sie da sahen, aber sie schienen sich sicher zu sein.
Gemeinsam verließen sie das Haus.

Das war meine Chance, zu Milena zu gelangen. Wenigstens das konnte ich für sie tun! Leise bewegte ich mich aus meinem Versteck. Dann schlich ich, so schnell ich konnte, die Treppe hinauf.
Die Tür zu dem Dachzimmer war abgeschlossen, doch der Schlüssel steckte. Ich schloss auf und hinkte ins Zimmer. Milena stand direkt hinter der Tür. Sie war kreideweiß. Ihre Lippen zitterten.
„Du?", hauchte sie.
„Ja ich!", fauchte ich. „Schrei jetzt bloß nicht! Ich will dir helfen."
„Danke", flüsterte Milena. Ich sah Tränen in ihren Augen.
„Die beiden Typen sind nach draußen gelaufen. Los, wir hauen ab. Komm schnell!"
Milena zögerte keine Sekunde. Sie stürmte hinter mir her aus dem Zimmer. Gemeinsam rannten wir die Treppe hinunter. Ich stützte

mich dabei auf Milena, da mein Knöchel vom Laufen wieder höllisch weh tat.

Fast hätten wir es geschafft. Doch als wir an der letzten Stufe angekommen waren, wurde die Haustür aufgerissen. Sven und Onkel Jürgen stürmten ins Haus zurück.

Als sie uns sahen, blieben sie wie angewurzelt stehen.

„Wen haben wir denn da?", fragte Sven, und seine Stimme klang so boshaft, dass ich anfing, zu zittern.

Milena begann wieder, zu weinen.

„Bitte lasst uns in Ruhe!", flehte sie. „Wir haben doch gar nichts gemacht."

Ich wollte einfach nicht aufgeben. Gehetzt blickte ich an Sven und Onkel Jürgen vorbei. Die Haustür war noch auf. Ob ich es schaffte, nach draußen zu rennen?

Doch Sven war meinem Blick gefolgt. Er durchschaute mich sofort.

„Nichts da, Sarah!", grinste er. „Du entkommst uns nicht!"

Und dann schloss er die Haustür und schob den Riegel vor.

7.

Noch nie in meinem Leben hatte ich mich so klein und hilflos gefühlt. Ich wusste nicht, wie ich mich verhalten sollte.
Fynn fiel mir ein. Er würde ganz bestimmt bald kommen. Er musste einfach kommen. Bald! Jetzt gleich! Sofort!
Damit versuchte ich immer wieder, mich zu beruhigen.
Sven und Onkel Jürgen waren uns jetzt auf der Treppe entgegengekommen. Wir mussten immer weiter nach oben zurückweichen. Nun stand Sven direkt vor mir. Seine Augen funkelten böse.
„Ins Zimmer mit euch!", fuhr er mich an.
Ich bewegte mich nicht. Da fasste er mich grob an den Arm und stieß mich vor sich her. Ich prallte gegen Milena, die hinter mir stand. Sie wich ängstlich zurück und stolperte in das Zimmer, aus dem wir gerade geflohen waren.
Ich versuchte, Svens Hand abzuschütteln.
„Au! Lass mich los! Du tust mir weh!", fauchte ich ihn an und ruderte wild mit meinem Arm.
Aber Sven ließ sich nicht abschütteln. Im

Gegenteil. Seine Hand umklammerte meinen Oberarm nur noch fester.
Er gab mir einen Schubs und schleuderte mich in den Raum. Ich stolperte, stieß gegen das Bett und fiel darauf. Sofort versuchte ich, mich aufzurichten, aber es gelang mir nicht auf Anhieb. Ich stützte mich auf meine Arme, knickte dann ein und fiel auf die Bettdecke zurück.

Sven lachte, und auch dieser ekelige Onkel Jürgen gab ein schadenfrohes Gelächter von sich.
„Ganz schön dreist, die Kleine. Glaubt wohl, sie könnte uns austricksen, was?", meinte er.
„Aber nicht schlecht", lachte Sven. „So haben wir beide eine. Ich war immer schon scharf auf Sarah. Die ist ein steiler Zahn."
Ich drehte mich zu Sven um und sah ihm ins Gesicht. Hämisch sah er aus. Das machte mich wahnsinnig wütend. So sauer, dass ich sogar meine Angst vergaß.
„Fass mich bloß nicht an!", zischte ich.
Wieder lachten beide.
Milena gab nun einen Ton von sich. Er klang wie ein Schluchzen. Sofort richtete sich die

Aufmerksamkeit der beiden Männer auf sie.
Onkel Jürgen ging auf Milena zu.
„Dann kümmere ich mich mal um meine Schöne!", schleimte er. „So ein hübsches Mädchen muss doch keine Angst haben."
Aber Milena hatte Angst. Sie hatte sogar so große Angst, dass ich aufpassen musste, nicht auch in Panik zu geraten. Ihre Augen waren ganz weit aufgerissen. Die Pupillen waren riesengroß.
„Was wollen Sie?", schluchzte sie.
Onkel Jürgen streichelte ihr Gesicht.
„Keine Angst, mein kleines Mädchen!", schmeichelte er weiter.
Seine fetten Wurstfinger glitten ihren Hals entlang. Streichelten nun den Ausschnitt ihres Pullis bis zum Beginn des Reißverschlusses.
„Wir tun euch schon nicht weh."
Onkel Jürgens Wurstfinger streichelten weiterhin ihren Ausschnitt. Dabei rutschte ihm seine Zunge von einem Mundwinkel in den anderen. Wie ekelig er war!
Dann fasste er den Verschluss des Reißverschlusses und zog ihn mit einem Ruck auf.

Ich weiß nicht, was plötzlich in mir vorging, aber ich merkte, dass ich plötzlich ruhiger wurde. Vielleicht war es die Angst, die meine Gefühle lahmlegte. Ich spürte, wie sich meine Panik legte.

„Fynn wird kommen", dachte ich immer und immer wieder. „Er wird rechtzeitig kommen und die Polizei mitbringen."

Mit diesen Gedanken versuchte ich, mich selbst zu hypnotisieren. Positiv denken! Dann geht der Wunsch in Erfüllung! Fynn wird kommen. Er kommt rechtzeitig!

Onkel Jürgen grinste mich an. Wahrscheinlich fand er es lustig, dass ich so ruhig da lag und meine Angst versuchte, unter Kontrolle zu bekommen. Er war sich sicher, am längeren Hebel zu sitzen.

Nun zog er Milena wieder an sich. Milena kreischte und versuchte, sich gegen seinen pummeligen Körper zu stemmen.

Das fand Onkel Jürgen besonders lustig.

„Wenn ihr macht, was wir euch sagen, habt ihr doch auch großen Spaß. Nicht wahr, Sören?", kicherte er jetzt.

Sven nickte.

„Und was für Spaß", lachte er.

„Sören heißt du? Ich dachte, du bist Pascal. Oder warst du nicht Sven?", fuhr ich ihn an.

Sven setzte sich nun neben mich auf das Bett.
„Nenn mich, wie du willst", lächelte er. Dann beugte er sich über mich und drückte mich fest ins Bett. Ich versuchte, ihn abzuwehren, doch er hielt mich fest.
Jetzt war er so dicht über mir, dass ich sogar ein paar blonde Wimpern zwischen den dunklen erkennen konnte.
„Meine kleine Sarah", flötete er. „Ganz viel Spaß könnten wir zusammen haben."
Dann versuchte er, mich zu küssen. Gleichzeitig grabschten seine Hände nach meinen Busen.
An was man so alles denkt, wenn man in Not ist!
Der Selbstverteidigungskurs, den wir in der Schule hatten, tauchte plötzlich vor meinem inneren Auge auf. Damals hatte sich unser Trainer genauso über mich gelegt und mich fest auf den Boden gedrückt. Und dann hatte er mir klar gesagt, was ich zu tun hatte,

um freizukommen. Und das tat ich jetzt.
Ich holte mit den Armen aus und schlug Sven mit beiden Händen, so fest ich konnte, auf die Ohren. Benommen richtet er sich auf, sodass ich mich wieder bewegen und ein Bein anziehen konnte. Mit letzter Kraft trat ich ihn vor die Brust. Jetzt konnte ich sehen, dass es ein guter Trick war.
Sven fiel nach hinten. Sein Gesicht war schmerzverzerrt.
Ich ließ mich vom Bett rollen, doch als ich aufstehen wollte, gab mein verletzter Knöchel unter mir nach. Mit einem unterdrückten Schrei fiel ich zurück aufs Bett.
Sven nutzte sofort diese Gelegenheit. Er griff mich nun fest und presste mich in das Kissen zurück. Dann drückte er sich auf mich. Seine Hände umklammerten meine Handgelenke.
Ich spürte seine Erregung. Und ich sah seine Wut.
Das war eine gefährliche Mischung.
„Das machst du nicht noch einmal!", zischte er.
Jetzt war es mit meiner Ruhe vorbei. Die Panik erfasste mich wie eine Welle. Ich presste die Lippen fest aufeinander, um nicht laut zu schreien.

Hinter mir weinte Milena jetzt.
„Lassen Sie das!", schluchzte sie. „Ich will das nicht."
Ich hörte Onkel Jürgen stöhnen. Oh, mein Gott, was machte er bloß.
Meine Nerven waren gespannt wie ein Flitzebogen.
„Fynn wird kommen. Er kommt!", hämmerten meine Gedanken gegen meine Stirn.
Und jetzt hörte ich es! Ein Auto fuhr vor. Autotüren knallten. Dann erkannte ich Fynns Stimme. Was er sagte, konnte ich nicht verstehen. Doch man hörte Schritte auf den Hauseingang zugehen.
„Die Polizei!", rief ich nun so laut ich konnte. „Die Polizei kommt."

Svens Hände hatten immer noch meine Handgelenke umklammert, doch jetzt lockerte sich sein Griff. Ungläubig starrte er mich an.
„Die Bullen?"
Dann richtete er sich auf und lauschte ebenfalls.
Ich sah seinem Gesicht an, dass er das Geräusch auch gehört hatte.

Mit einem Satz sprang er von mir runter und lief zum Fenster hinüber.

Ich richtete mich ebenfalls auf und schaute mich nach Milena um. Sie stand in der Nähe des Fensters, das Gesicht angstverzerrt. Ihren Kapuzenpulli geöffnet, das Hemd hochgezogen. Doch Onkel Jürgen hatte sie jetzt losgelassen. Auch er stürzte zum Fenster und blickte nach draußen. Allerdings achtete er darauf, dass man ihn hinter der Gardine nicht erkennen konnte.

Das war vielleicht meine Chance.

Ich hechtete trotz meiner Schmerzen ebenfalls zum Fenster und versuchte, die Gardine zur Seite zu schieben. Doch Sven war schneller. Er gab mir einen so heftigen Stoß, dass ich zur Seite flog.

„Hau ab!", zischte er mir zu.

Aus den Augenwinkeln konnte ich erkennen, dass zwei Polizisten mit Fynn zusammen vor dem Hauseingang standen. Nun klingelte es.

Onkel Jürgen und Sven sahen einander beunruhigt an. Dann blickte Sven zu uns.

„Kein Laut!", zischte er. „Sonst machen wir euch so fertig, dass ihr euch in einer Blutlache wiederfindet."
Ich wollte mir keine Angst einjagen lassen, aber ich hatte unheimlich Mühe, meine Panik unter Kontrolle zu halten. Ich konnte mein Blut in den Ohren rauschen hören.
Wieder klingelte es.
„Ich geh mal", flüsterte Sven Onkel Jürgen zu. „Du passt auf, dass die beiden keinen Mucks von sich geben."
Onkel Jürgen fixierte mich mit seinem Brutalogesicht. Gleichzeitig bog er Milena den Arm nach hinten.
Milena heulte auf.
„Halt die Klappe!", fuhr Onkel Jürgen sie an.
„Und wenn du was sagst", wandte er sich an mich, „kann deine Freundin was erleben."
Jetzt nickte Onkel Jürgen Sven zu.
Sven öffnete nun die Zimmertür und verließ das Zimmer.
Wir hörten, wie er die Treppe herunterging.
„Ich komme ja schon!", rief er dabei.

8.

Tiefe Stimmen waren nun zu hören.
Wir verstanden so etwas wie:
„… Mädchen versteckt haben".
Und Sven antwortete daraufhin mit seiner harmlos-sympathischen Stimme, auf die ich damals auch hereingefallen war: „Ich weiß gar nicht, was Sie meinen."
Und dann auch noch: „Bin ganz allein hier."
Ich war wie auf dem Sprung. Ich wusste, ich musste mich bemerkbar machen. Ich musste schreien oder gegen die Tür schlagen.
Aber wann?
Kurz blickte ich zu Onkel Jürgen hinüber.
Er hatte nun seine Hände um Milenas Hals gelegt, um mir zu zeigen, dass er zudrückt, wenn ich einen Mucks von mir gab.
Milena hatte große Angst. Ihre Augen waren immer noch so weit aufgerissen. Ihr Gesicht war so weiß wie ein Betttuch.
Ich versuchte, an ihr vorbeizusehen. Jetzt musste ich mich darauf konzentrieren, um Hilfe zu schreien.
Von diesem Vorsatz durfte ich mich nicht ablenken lassen.

Auch wenn wir Angst hatten und bedroht wurden: Wir hatten keine andere Chance.
Plötzlich hörte ich Fynns Stimme. Laut und durchdringend.
Mein Herz machte vor Freude einen Satz!
„Sie lügen!", brüllte er Sven an. „Es steht noch ein Auto vor dem Haus. Wem gehört das denn?"
„Was geht dich das an!", zischte Sven jetzt. „Ich kann einladen, wen ich will. Oder haben Sie etwa einen Hausdurchsuchungsbefehl oder so etwas?"
„Komm, Junge", sagte nun eine andere Stimme. „Da können wir nichts machen. Vielleicht ist deine Freundin ja in den Wald gegangen."
Fynn murmelte etwas. Es klang sehr resigniert!
Jetzt oder nie! Ich musste es wagen!

So schnell ich konnte, drehte ich mich zur Tür. Dann trommelte ich mit beiden Fäusten dagegen und schrie: „Fyyyynnnn!!! Hier bin ich!"
Wieder rumste ich gegen die Tür.
Onkel Jürgen ließ Milena los. Dann holte er aus und schlug mir ins Gesicht. Meine

Wangen brannten wie Feuer. Da schrie ich
noch lauter. Aus Angst, aus Wut und aus
abgrundtiefem Hass. „Fyynnnn!"
Ich hörte, wie jemand die Treppe hinauf-
rannte. Und dann noch jemand.
„Komm zurück!", hörte ich Sven brüllen.
Wieder trommelte ich gegen die Tür.
Jetzt wurde sie aufgerissen.
Fynn stand mir direkt gegenüber.
Unruhig blickte er mich an.
„Sarah", rief er. Und dann noch einmal leiser:
„Sarah!"
Ich konnte gar nicht anders. Ich stürzte auf
ihn zu und schlang meine Arme um ihn.
Fynn drückte mich fest an sich. Seine Hände
streichelten über meine Haare.
„Geht es dir gut?", fragte er ängstlich.
„Ja", murmelte ich in sein Sweatshirt hinein.
Fynn drückte mich ganz fest an sich.
Ich verkroch mich in seinem Sweatshirt,
wollte nichts mehr hören und nichts mehr
sehen.

Nun hörte ich, wie andere Personen ins
Zimmer kamen.

„Ach, sieh an!", hörte ich den einen Mann sagen. „Wen haben wir denn da? Ich wette, das ist dieser Typ aus dem Lovechat. Wie haben wir den noch genannt, Micha? Schmuddeljürgen?"

Schmuddeljürgen? Was war das denn für ein Name?

Kannte die Polizei Onkel Jürgen vielleicht schon?

Ich befreite mich aus Fynns Armen, hielt aber seine Hand ganz fest. Dann drehte ich mich zu den anderen Personen um, die neben Onkel Jürgen im Zimmer standen. Es waren zwei Polizisten.

Sie sahen Onkel Jürgen herausfordernd an. Dann blickten sie zu Milena, danach zu Sven.

„Und dann ist das sicher sein Freund, der im Chat die Mädchen anspricht und zu Treffen einlädt."

„Ich habe nichts gemacht!", rief Sven sofort. „Die Kleine hier ist freiwillig mitgekommen. Die war ganz heiß auf uns. Und die hier ...", er machte eine Kopfbewegung zu mir, „... hat sich sogar ins Haus geschlichen, als sie mich gesehen hat."

„Das ist ja eine reizende Liebesgeschichte", spottete der eine Polizist. „Dann wollen wir mal zusammen aufs Revier fahren. Ein bisschen Personalien festhalten und Protokoll schreiben. Ich nehme an, die Aussagen der beiden Mädchen wird etwas anderes ergeben als die Geschichte, die Sie uns hier auftischen."

„Außerdem können wir noch ein paar ältere Fälle überprüfen", fuhr der andere Polizist fort. „Es gibt nämlich verschiedene Anzeigen gegen Unbekannt. Danach vertreiben sich ein paar Männer ihre Zeit im Chat und locken Mädchen in die Falle. Wie war das noch, Wolfgang? War nicht letzte Woche ein Mädchen mit letzter Kraft entkommen?"

„Ich bin auch auf die beiden hereingefallen", begann ich. „Zuerst habe ich mit Sven gechatt …"

Weiter kam ich nicht.

Sven machte plötzlich einen Sprung zur Tür. Er versuchte, sie zuzuknallen. Wahrscheinlich hatte er geplant, uns einzuschließen.

„Was ist das denn?", rief der eine Polizist und setzte seinen Fuß in die Tür. „Wo will der denn hin?"

Sven war schon auf der Treppe. Doch der Polizist rannte hinter ihm her und holte ihn noch auf der Mitte ein. Ich war überrascht, wie sportlich er war.

„Hiergeblieben!", brüllte er.

Dann drückte er Sven fest gegen die Wand und drehte ihm den Arm auf den Rücken. Sven brüllte vor Schmerz.

Fynn legte den Arm um mich.

Draußen waren Polizeisirenen zu hören.

„Na endlich! Die Kollegen kommen", meinte der Polizist, der neben Milena stand. „Dann können wir ja losfahren."

Kurze Zeit später saßen wir alle in unterschiedlichen Polizeiautos. Onkel Jürgen und Sven saßen zwischen Polizisten in einem Bulli, Milena in einem anderen. Ich hockte mit Fynn zusammen auf dem Rücksitz eines Kombis. Unsere Fahrräder lagen auf der Ladefläche.

„Wir bringen euch jetzt erst mal nach Hause", schlug eine Polizistin vor, die am Steuer saß.

„Dann reden wir mit euren Eltern. Und morgen kommt ihr alle zusammen auf das Revier, okay?"
Meine Eltern!
„Muss das sein?", fragte ich kleinlaut. „Meine Mutter macht mir bestimmt die Hölle heiß! Sie hat die ganze Geschichte ohnehin noch nicht verdaut."
„So schlimm wird es schon nicht werden", winkte die Polizistin ab.
„Und denk mal daran, wie viele Mädchen du dadurch gerettet hast, dass du geholfen hast, diese Männer zu schnappen", sagte Fynn leise.
Da hätte ich am liebsten geheult.
Natürlich hatte ich heute Schlimmeres verhindert. Aber wenn ich Onkel Jürgen und Sven schon früher angezeigt hätte, hätte ich vielleicht anderen Mädchen viel Leid ersparen können.
Ich atmete tief ein und aus.
Heute blieb mir nichts erspart.

Meine Mutter kriegte fast einen Schlag, als die Polizei mit uns an der Haustür auftauchte.

Fynn war mitgekommen, ganz selbstverständlich. Ich hatte mich darüber sehr gefreut. Wenn er dabei war, fühlte ich mich einfach sicher und beschützt. Und das Kribbeln in meinem Bauch hörte gar nicht mehr auf.
Ob das Liebe war?
„Was ist passiert?", schrie meine Mutter.
„Sarah? Hattest du einen Unfall?"
Auch mein Vater kam herbeigerannt. Und dann kam – oh Wunder – sogar mein Bruder aus seinem Zimmer.
„Erdnuss? Alles okay?", fragte er irritiert.
Als sie sich dann alle beruhigt hatten und sahen, dass ich lebte und keine blauen Flecken hatte – nur mein Fuß steckte in einem provisorischen Verband, den mir die Polizistin angelegt hatte – konnten wir alle in Ruhe miteinander reden.
„Wie konntet ihr nur allein dieses Haus suchen!", jammerte Mama.
Und Papa murmelte: „Lebenslänglich haben diese Typen verdient."
Und Dennis meinte: „Weiber sind doch zu blöde!"
Aber eigentlich waren sie alle lieb und verständnisvoll zu mir.
Besonders lieb war natürlich Fynn!

9.

Als sich die Aufregung endlich gelegt hatte und die Polizei gegangen war, wollte ich nur noch eins: Raus aus diesem Irrenhaus und mit Fynn alleine sein.
Es war dunkel draußen. Fynn stand auf.
„Ich gehe dann mal", sagte er. „Ich habe meiner Mutter gesagt, dass ich spätestens um zehn Uhr zurück bin."
Meine Mutter nickte. Ich erhob mich ebenfalls.
„Ich bringe dich ein Stück", meinte ich.
Sofort kriegte meine Mutter wieder Panik.
„Sarah, spinnst du? Du kannst doch jetzt nicht allein durch die Stadt laufen. Du hast doch gerade so viel Schreckliches hinter dir. Hast du denn gar nichts gelernt?"
Fynn lächelte.
„Ich wohne aber nur einmal um die Hausecke", erklärte er.
„Genau", ergänzte ich. „Wenn mir da was passiert, hörst du mich schreien." Ich dachte nach. „Außerdem will ich jetzt nicht, dass ihr mich wie ein Baby behandelt und nur noch bewacht."
„Genau, Rita", mischte sich nun mein Vater ein. „Du bist immer so eine Klammermutter.

Lass Sarah mal gehen. Die kommt schon klar."
Das ließ ich mir nicht zweimal sagen.

Ich zog meine Jacke an und hakte mich bei Fynn unter. Der verabschiedete sich von meinen Eltern.
Draußen nahm Fynn sein Fahrrad und schob es neben mir her. Mit der anderen Hand stützte er mich, damit ich meinen Fuß nicht zu sehr belastete.
Zuerst schwiegen wir beide. Dann hielt ich es nicht mehr aus.
„Danke, dass du so schnell gekommen bist", sagte ich leise. „Ich hatte furchtbare Angst. Diese Typen hätten uns bestimmt vergewaltigt."
Fynn räusperte sich.
„Ich hatte auch furchtbare Angst", meinte er dann. „Als ich mit den Polizisten am Haus ankam und du warst nicht mehr da, bin ich fast abgedreht. Dein Fahrrad stand da ganz verlassen, zwei Autos waren auf dem Hof. Ich wusste genau, dass sie dich geschnappt hatten." Er zögerte, weiterzusprechen. „Und als

die Polizisten sagten, sie hätten keine Durchsuchungsanordnung und könnten nichts machen, weil ich ja nicht sicher sei, dass du im Haus bist, wusste ich nicht mehr, was ich machen sollte. Ich wusste nur eins: Ich musste dich in dem Haus suchen."
Unsere Schritte hallten auf dem Straßenpflaster. Jetzt waren wir an der Straßenecke angekommen, an der wir immer morgens aufeinander warteten.
Hier blieben wir stehen.
„Ich habe sogar für einen Moment geglaubt, du steckst mit ihnen unter einer Decke", sagte ich leise und schämte mich dafür.
„Waas?" Fynn war jetzt echt entsetzt.
„Wie kommst du denn darauf?"
„Ich weiß nicht. Ich war einfach plötzlich so verwirrt. Ich hatte das Gefühl, du verfolgst mich, genauso, wie mich dieser Onkel Jürgen verfolgt hat. Es war so komisch, dass du plötzlich in unserer Klasse standst. Und dass du in unserer Nähe wohnst. Und dass … dass wir … dass wir uns ganz … naja, irgendwie ganz gut verstehen."
Ich blickte verlegen auf den Boden und wusste nicht, wie ich es erklären sollte.

Fynn lehnte sein Rad gegen einen Zaun.
Dann drehte er sich zu mir um und umarmte mich.
„Das war kein Zufall", sagte er leise. „Das war Schicksal."
Und dann küsste er mich.

Am nächsten Tag musste ich zur Polizei und eine Aussage machen. Fynn kam selbstverständlich mit. Auch seine und meine Eltern waren bei dem Gespräch dabei. Hand in Hand saßen wir den Polizisten gegenüber, und ich erzählte, was mir damals in dem Haus passiert war und was sich diesmal zugetragen hatte.
Die Polizisten hörten aufmerksam zu.
„Gegen Sven König, wie du ihn nennst, liegt uns schon eine Anzeige vor", berichtete der eine und blätterte in seinen Unterlagen.
„Er heißt in Wirklichkeit Sören Plassberg und wohnt in der Innenstadt in einer Wohnung mit seiner Mutter zusammen. Er arbeitet nicht. Wahrscheinlich verdient er sein Geld damit, Mädchen im Internet anzumachen und an andere Männer weiterzuvermitteln …"

„Um sie zu vergewaltigen?", fragte ich erschrocken.
Die andere Polizistin nickte. „Wahrscheinlich", antwortete sie.
„Du hast ganz viel Glück gehabt, damals", fuhr der Polizist fort. „Das Mädchen, das Herrn Plassberg damals angezeigt hat, ist nicht mit ihm mitgegangen. Sie hatte nur so eine seltsame Ahnung und fühlte sich von einem älteren Mann verfolgt. Aber da sie immer nur so eine Vermutung hatte und nichts Genaues wusste, konnten wir nicht weiter ermitteln."
„Auf alle Fälle reicht es jetzt für eine Anklage", meinte die Polizistin. „Die beiden Männer sind in Untersuchungshaft. Ihre Rechner sind beschlagnahmt, und da werden wir ganz bestimmt etwas finden."
„Außerdem haben auch Milena und ihre Eltern Anzeige erstattet", ergänzte der Polizist.
„Ich kann mir ehrlich gesagt nicht vorstellen, dass die beiden wieder freikommen", bekräftigte die Polizistin.

Ich kann mich gar nicht erinnern, schon mal so glücklich gewesen zu sein. Selbst damals, als ich glaubte, in Sven verliebt zu sein, war das Gefühl nichts gegen das, was ich jetzt mit Fynn erlebte. Mit Fynn war alles so einfach. Er war immer für mich da, und er stand zu mir, so ganz selbstverständlich.
Das ging schon damit los, dass er morgens dort an der Ecke auf mich wartete, mich umarmte und küsste und mich mit einem fröhlichen „Na, wie geht's dir?" begrüßte.
In meiner Klasse waren sie natürlich am Anfang verwirrt. Besonders Elin war wütend und eifersüchtig, doch dann fand sie sich damit ab, dass Fynn und ich zusammen waren.
Was sollte sie sonst auch machen?
Fynn blieb weiterhin neben ihr sitzen und war immer freundlich zu ihr. Nur manchmal blickte er mich im Unterricht lange mit seinen dunklen Augen an oder zwinkerte mir ganz kurz zu. Dann schlug mein Herz heftiger, und ich zwinkerte zurück.
Schließlich stand der Prozess an.
Ich fürchtete mich ganz schrecklich davor.
Warum, weiß ich auch nicht genau. Ich wollte einfach nicht noch einmal erzählen, was mir

passiert war, schon gar nicht im Gericht vor all den Leuten. Ganz besonders fürchtete ich mich davor, Onkel Jürgen und Sven ins Gesicht schauen zu müssen, wenn ich meine Aussage machte.

„Du musst nicht im Gerichtssaal vor dem Publikum aussagen", erklärten mir die Polizisten. „Deine Aussage machst du unter Ausschluss der Öffentlichkeit."

Ich war total erleichtert.

„Du bist übrigens nicht die einzige Zeugin, die vernommen wird", tröstete mich die Polizistin weiter. „Noch drei weitere Mädchen haben sich gemeldet, von Sören Plassberg und Günther Klaas im Chat angebaggert worden zu sein. Zwei von ihnen sind mitgegangen und sogar vergewaltigt worden."

„Wirklich?"

Mir lief es eiskalt den Rücken hinunter.

„Du kannst dir sicher sein, dass beide eine mehrjährige Haftstrafe zu erwarten haben", sagte die Polizistin.

„Fünf Jahre mindestens. Von mir aus gerne auch länger."

Ich war im Prozess nicht allein. Fynn saß im Zuschauerraum und lächelte mir zu, zahlreiche aufgebrachte Eltern saßen auf den Bänken, Journalisten sprangen auf und fotografierten, als Onkel Jürgen und Sven den Gerichtssaal betraten. Die beiden sahen klein und bleich aus.
Da ich selbst als Zeugin geladen war, durfte ich den Prozess nicht mitverfolgen. Ich saß draußen auf der Zeugenbank, und mit mir verschiedene andere Mädchen. Sie waren auch geladen, um gegen Sven und Onkel Jürgen auszusagen. Neben ihnen zu sitzen, erleichterte mich sehr. Wir unterhielten uns richtig gut.
Als ich den Gerichtssaal betrat, mussten alle Zuschauer den Raum verlassen. Ich war so aufgeregt, dass ich erst gar nicht wusste, wohin ich gehen sollte. Doch der Richter erklärte es mir. Dann fragte er meine Personalien ab. Anschließend sollte ich genau erzählen, wie ich Sven kennen gelernt hatte, wie ich dann Onkel Jürgen gesehen hatte, wie mich Sven in das Haus gelockt hatte und wie ich zuletzt vor ihm und Onkel Jürgen geflüchtet war.
Ich erzählte. Stockend zuerst. Dann fiel es mir immer leichter.

Es war gut, dass Sven und Onkel Jürgen seitlich hinter mir saßen. So musste ich sie nicht anschauen.
Der Richter ließ mich reden, stellte nur ganz selten mal eine Frage.
Nur zum Schluss fragte er: „Warum haben Sie die Männer nicht angezeigt?"
„Ich habe mich nicht getraut", sagte ich. „Ich hatte Angst, dass meine Eltern sauer auf mich sind. Ich hatte Angst, dass die Polizei mir nicht glaubt. Und ich hatte Angst, dass mir die beiden Männer dann auflauern und mich fertigmachen."
„Das leuchtet mir ein", nickte der Richter.
Aber auch Sven hatte sich einen guten Rechtsanwalt besorgt. Der war natürlich auf Svens Seite.
„Ich hätte auch noch eine Frage, Sarah Hoffmann", rief er. „War es nicht vielleicht so, dass Sie sich in Sven verliebt hatten? Herr Plassberg hat ausgesagt, dass Sie sich ihm geradezu an den Hals geworfen haben. Dass Sie gerne und freiwillig mit ihm mitgegangen sind."
Ich wurde unsicher. Nun ergriff der Staatsanwalt das Wort und nickte mir freundlich zu.
„Dass sie sich in Herrn Plassberg verliebt hat-

te, spielt doch keine Rolle. Das ist die Art und Weise, mit der die Täter hier vorgehen.
Sie wickeln die Mädchen ein, um sie in ihre Abhängigkeit zu bringen!"
„Das stimmt", sagte ich nun. „Ich hatte mich in Sven – also Herrn Plassberg oder wie der jetzt heißt – verliebt. Er hat mir immer so nette Sachen gesagt und tat immer so freundlich. Ich habe erst später gemerkt, dass das alles nur Lügen waren. Lügen, um mich abzuschleppen."
„Vielen Dank", nickte der Richter. „Sie haben uns sehr geholfen, Frau Hoffmann."

Es dauerte Wochen, bis der Fall zu Ende verhandelt war.
Ich musste nur noch ein weiteres Mal bei den Verhandlungen dabei sein. Dann waren Gutachter und Psychologen gefragt.
Zuerst las ich noch in der Zeitung über den Prozess. Dann aber merkte ich, dass es mich immer mehr runterzog, und ab da beschloss ich, ihn nicht mehr zu verfolgen. Ich ging auch nicht zur Urteilsverkündung. Davon las ich aber noch mal in der Zeitung. Sven bekam

fünf Jahre, Onkel Jürgen sieben. Ohne Bewährung.
Da war ich total erleichtert.

Abends rief mich Milena an und bedankte sich noch einmal bei mir für meine Hilfe. Nett hörte sie sich an.
Ich war froh, ihre Stimme zu hören, die jetzt fest und fröhlich klang.
„Sarah", sagte sie dann, „beim Jugendamt gibt es eine Selbsthilfegruppe für Jugendliche, die im Chat belästigt wurden. Dahin gehe ich nächste Woche. Kommst du mit?"
„Hm", antwortete ich. „Ich weiß nicht, ob ich mich traue."
Milena redete noch eine Weile auf mich ein und versuchte, mich davon zu überzeugen, mitzukommen. „Ich habe mich mit einem Mädchen unterhalten, das schon länger dort hingeht. Sie sagt, dass es ihr sehr geholfen hat, mit anderen Betroffenen zu reden.
Es geht ihr viel besser, und ihre Angst, verfolgt zu werden, hat sie so auch in den Griff gekriegt."

Ich versprach, es mir noch mal zu überlegen.
„Natürlich traust du dich, zu der Gruppe zu gehen", lachte Fynn, als ich ihm von dem Telefonat erzählte. „Schließlich hast du dich schon ganz andere Sachen getraut. Dagegen ist so eine Selbsthilfegruppe doch gar nichts."
Das überzeugte mich schließlich.
Und damit ich mich auch wirklich traute, begleitete er mich am ersten Abend bis zum Jugendamt.
War ich froh, dass ich ihn hatte.
Fynn war wirklich mein bester Freund.
Mein Schicksal.
Meine erste wirkliche große Liebe.
Und so lange, wie er bei mir war, kam das Leben irgendwann auch wieder in Ordnung.
Da war ich mir ganz sicher.

K.L.A.R. – Kurz. Leicht. Aktuell. Real.

Ich bin schon wieder völlig pleite!
Kurt Wasserfall
ab 12 J., 101 S., 12 x 19 cm,
Paperback
ISBN 978-3-8346-0403-3
Best.-Nr. 60403
5,- € (D)/5,15 € (A)/8,10 CHF

Scheisse, der will Amok laufen!
Volker W. Degener
ab 12 J., 96 S., 12 x 19 cm,
Paperback
ISBN 978-3-8346-0727-0
Best.-Nr. 60727
5,- € (D)/5,15 € (A)/8,10 CHF

Ein Fußballer muss das aushalten!
Wolfgang Kindler
ab 12 J., 103 S., 12 x 19 cm,
Paperback
ISBN 978-3-8346-0401-9
Best.-Nr. 60401
5,- € (D)/5,15 € (A)/8,10 CHF

Du bist doch nur noch zugekifft!
Wolfram Hänel
ab 12 J., 86 S., 12 x 19 cm,
Paperback
ISBN 978-3-8346-0326-5
Best.-Nr. 60326
5,- € (D)/5,15 € (A)/8,10 CHF

Stress nicht so rum, ich find schon 'nen Job!
Kurt Wasserfall
ab 12 J., 120 S., 12 x 19 cm,
Paperback
ISBN 978-3-8346-0672-3
Best.-Nr. 60672
5,- € (D)/5,15 € (A)/8,10 CHF

Zur Vertiefung der Romane im Unterricht erhalten Sie von uns sofort einsetzbare **Arbeitsmaterialien**. Außerdem sind auf unserer Homepage **Hörproben** der K.L.A.R.-Romane als MP3-Download verfügbar.

Es gelten die Preise auf unserer Internetseite.

Verlag an der Ruhr

Postfach 10 22 51 • 45422 Mülheim an der Ruhr
Telefon 030/ 89 785 235 • Fax 030/ 89 785 578
bestellungen@cornelsen-schulverlage.de
www.verlagruhr.de